Foundations Italian
2

Tutor in Ita~~~~~~~~~~~~~~~~~~~~~~~~~~~~~~~~~~~~~Cultural
Institute, L~~~~~~~~~~~~~~~~~~~~~~~~~~~~~~~~~~~London

Formerly ~~~~~~~~~~~~~~~~~~~~~~~~~~~~~~~~~~~~~olitan

Forme~~~~~~~~~~~~~~~~~~~~~~~~~~~~~~~~~~~~~ity

palgrave
macmillan

First published 2005 by
PALGRAVE MACMILLAN
Houndmills, Basingstoke, Hampshire RG21 6XS and
175 Fifth Avenue, New York, N.Y. 10010
Companies and representatives throughout the world

PALGRAVE MACMILLAN is the new global academic imprint of the Palgrave Macmillan division of St Martin's Press, LLC and of Palgrave Macmillan Ltd. Macmillan® is a registered trademark in the United States, United Kingdom and other countries. Palgrave is a registered trademark in the European Union and other countries.

ISBN-13: 978–1–4039–3675–2 book
ISBN-10: 1–4039–3675–7 book
ISBN-13: 978–1–4039–3692–9 cassettes
ISBN-10: 1–4039–3692–7 cassettes

This book is printed on paper suitable for recycling and made from fully managed and sustained forest sources.

A catalogue record for this book is available from the British Library.

Audio production: University of Brighton Media Centre
Produced by Brian Hill

Voices: Maria Benetti, Silvia Bove, Laura Giaconi, Emiliano Grappasonni, Mario Marzano

10 9 8 7 6 5 4 3 2 1
14 13 12 11 10 09 08 07 06 05

Printed and bound in China

CONTENTS

Acknowledgements

The authors and publisher would like to thank the following illustration sources:

Mara Benetti pp. 23/24, 46, 62/63;
Helen Bugler pp. 50, 77, 91, 119;
Fototeca ENIT pp. 56, 65, 68, 83, 120, 137;
Leigh Howells, Headscape 2005 p. 53 (right);
Cristina Testi pp. 7, 114, 117;
The Corporation of London p. 53 (left);
Caterina Varchetta pp. 3, 25, 42, 51, 82, 94, 99/100, 141.

The authors and publisher would like to thank the following copyright sources:

Società San Paolo p. 57
Giuseppe Turani, Casa Editrice Uomini & Business p. 103
Giordana Masotto, Redazione TU - Arnoldo Mondadori Editore p. 133
Italia & Italia, Syracuse University, Florence p. 134
Maurizo Pizzuto, Redazione CulturaWeb p. 144

INTRODUCTION

Mainly for the tutor

Foundations Italian 2 is a course for post-beginners aimed principally at students taking a language option or similar module on an Institution-Wide Languages Programme (IWLP). It corresponds to level B1+ of the *Quadro comune europeo di riferimento per le lingue* with some elements at level B2. It follows on from the highly successful *Foundations Italian 1* but can equally well be used following other first-year courses. The authors have ensured a smooth transition from Level 1 in the first two units although the revision material there does not presuppose any familiarity with the specific content of the first book.

The *Foundations Languages* series is specifically designed for IWLPs and similar provision. The authors are experienced tutors on such courses and the books themselves are informed by market research, consultation and feedback. To find out more about the series visit the dedicated website via www.palgrave.com/modernlanguages

Structure

The course is designed to fit the typical university teaching year and assumes two or three hours of class contact per week. There are ten units, all structured in the same way. Extension work and a private study strand provide flexibility.

Element	Pages	Function	Skills*
Core	6	Introduces, practises new material	LSRW
Grammatica	2	One page exposition, one page exercises	
Extra!	1	Extension work (e.g. longer dialogues, more demanding reading)	LR
Glossario	1	Italian-English, listed by exercise	
Lavoro di coppia	2	Consolidation	S
Ancora un po' di pratica	2	Consolidation, private study	LSRW

*Skills: L = Listening, S = Speaking, R = Reading, W = Writing
For more details on the structure of the book, see the 'Mainly for the student' section.

Pedagogical design

The introduction of new material is always carefully prepared. Typically, it builds up to and then upon a listening item, most often combined with reading-based exercises on the text of the dialogue, sometimes with questions, wordsearch or matching exercises. Once the input is introduced, follow-up exercises apply and develop it. Listening and reading items are often extended pieces which are then exploited in a great many different ways. Our feedback from lecturers advises us that longer listening and reading passages allowing students to become fully immersed in the language are very much desired.

To facilitate the use of Italian in the classroom, the exercises in the unit cores are sequentially numbered and marked with an icon indicating the linguistic activity or activities involved.

Recorded material

There are two cassettes to accompany the course. The purchase price includes a site licence which allows free duplication within institutions (some conditions apply). You should fill in the registration form which is included with Cassette 1 to obtain your licence paperwork. The audio is also available in digital format to institutions. See www.palgrave.com/modernlanguages or contact the publishers at the address given on the cassettes for more information.

The first three sides of the cassettes cover Units 1–10 proper. The *Ancora un po' di pratica* section is all on Side 2b. It might be that this is the only part of the audio which you need to make freely available to students.

Mainly for the student

What follows is a guide to the textbook. Take time to read it so you get maximum benefit from your course.

Structure

There are ten units all with the same clear, consistent structure that you will soon get used to. Each unit is focused on topics or situations in which the language is used. The short **summary/heading** tells you what the topics are and describes what you will be able to *do* with the language once you have completed the unit. 'Do' is a key word: while language-learning requires and develops knowledge and understanding, it above all means developing the capability of using the language.

Core

The half a dozen pages that follow are the **core** of the unit. The core contains the *input* (new language) and various tasks designed to help you master it and make it your own. There are boxes highlighting and explaining grammatical points as they occur. Answers to the various tasks and exercises can be found on pages 173–188. The following icons indicate which skills you will be practising and what type of exercise it is:

	Ascolta	Listen		**Lavoro di coppia**	Pair work
	Leggi	Read		**Lavoro di gruppo**	Group work
	Scrivi	Write		**Lavoro di vocabolario**	Wordsearch
	Parla	Speak			

Extra!

As the heading implies, this material is a bit more challenging. In particular it gives you the opportunity to develop further your understanding of Italian, taking listening and reading skills beyond the confines of the core input material while staying on related topics.

Grammatica & Glossario

Two pages are then devoted to the grammatical **structures** you have encountered in the unit. The first gives you a clear overview of the grammar; the second provides a set of short exercises so you can test yourself (answers at the back of the book). Don't skip these pages: they simply clarify and check off grammatical structures you have met with and used in the course of the unit. This is how you become aware of the Italian language as a system. The **vocabulary** page gives the new words occurring in the unit core, exercise by exercise. Learn and revise them.

Lavoro di coppia

Each unit also has two **pairwork** pages giving prompts for each partner in a structured dialogue. This material can be used in or out of the classroom to develop communication skills. The scenarios are always based on the material in the unit core, so you are securely in a known context. The challenge is to use the language you have learnt to communicate information your partner needs and to respond to what he or she says.

Ancora un po' di pratica

The **supplementary exercises** beginning on page 127 give further practice on a unit-by-unit basis and are designed to be used in private study. Answers are given at the back of the book. Work outside the classroom, both that set by the tutor and that done on your own initiative, is an essential part of a taught language course.

Reference

As well as the **answers to exercises**, there is an overall **grammar summary**, supported by a **guide to grammatical terms**. There is also an **alphabetical vocabulary list** or **glossary**.

Getting the most out of the course

The key inputs (usually dialogues) are carefully designed to introduce new vocabulary and/or structures. It is absolutely vital to spend time and effort on this material. Be guided by your tutor. He or she will introduce it in class or ask you to prepare it in advance. If there's a word or phrase you're unsure of, turn to the **Glossario** page for the unit or the end of book **Vocabolario**. Use the recorded dialogues for listening *and* pronunciation practice.

Developing listening and reading skills

When we listen to a complicated train announcement we put a different stress on detail compared to when a radio disc jockey is babbling away in the background as we do the ironing. Similarly there are many other ways of going about reading, depending on your purpose – quickly scanning a magazine article in search of specific information is quite different from trying to read a news story from beginning to end. You will need to develop different listening and reading skills for different types of audio and written input.

When working your way into new audio material it is a good idea to begin by covering up the script and listening to the whole piece a couple of times. Above all, don't try to work through it word by word. Remember you're not an interpreter: relax and focus on what you do understand, instead of fretting about what you don't. Once you've got an overall idea of what's going on, the next step will usually be to listen to shorter sections of the piece, which enables you to do some more concentrated listening. There might be a section you listen to a few times but remind yourself again that you're not interpreting or translating. Sometimes you will have to leave something and come back to it later.

You will now be ready to do more detailed work on the material. After listening without reference to the script, this next phase will involve turning to the book. By this stage you will probably be clear as to the content of the piece but there may be the odd word or phrase you're unsure of. Turn to the Glossario page and check. Similarly, if a grammatical point really puzzles you, refer to the unit Grammatica pages. Thoroughness will pay off.

When facing new reading input, just as for developing listening skills, you should read through a passage a couple of times to get the sense of it, before you spend time working on the detail.

LEARNING A LANGUAGE

A language learning programme is essentially workshop-based rather than lecture-based. It involves active classroom sessions and a variety of social interactions, including working with a partner, small-group activity and role-play, as well as answering questions, and working through exercises. Feeding into the classroom sessions and flowing from them is what is called directed study, set by your tutor but allowing you a lot of flexibility in organising your work in ways that suit you. Beyond that there is private study, where you determine the priorities.

Increasing attention is now paid to **transferable skills**, that is skills which are acquired in one context but which can be used in others. Apart from competence in the language itself, successful language learning is also recognised to be rich in skills particularly valued by employers, such as communication skills and self-management.

How can you make sure you get maximum benefit from your language course?

1. A practical point first. Check the course or module guide and/or **syllabus** to see exactly what is required of you by your university or college. In particular, find out how the course or module is assessed. The course guide and assessment information will probably be expressed in terms of the four language skills of listening, speaking, reading and writing. The relative importance of these skills can vary between institutions.

2. Remember this is a taught course – you're not on your own. **Your tutor** is there to guide you. Using the material in the book, he or she will introduce new structures, ensure you practise them in class and then enable you to produce similar language until you develop the capacity to work autonomously. The first rule of a taught language course, then, is to follow your guide.

3. Of course a guide can't go there for you. While your tutor will show you the way, **only you can do the learning**. This means hard work both in the classroom and outside the timetabled hours.

4. **Regular attendance** at the language class is vital. This isn't like a lecture-based course, where you can miss one session and then catch up from a friend's notes or even live with the fact that there is going to be a gap in your knowledge. A language class is a workshop. You do things. Or to put it more formally, you take part in structured activities designed to develop your linguistic competence.

5. But mere attendance isn't enough. Being there isn't the same thing as learning. You have to **participate**. This means being an active member of the class, listening carefully, working through the exercises, answering questions, taking part in dialogues, contributing to group work, taking the risk of speaking without the certainty of being right. It also means preparing before classes and following up afterwards …

6. … because what you do **outside the classroom** is vital, too. While new topics will normally be introduced in class, your tutor will also set tasks which feed in to what you will be doing in the next session. If you don't do the preparation, you can't benefit from the classroom activity or the tutor will have to spend valuable time going over the preparation in class for the benefit of those who haven't done it in advance. Classroom contact time is precious, normally no more than two or three hours a week, and it's essential to use that time to the best effect. Similarly, the tutor will sometimes ask you to follow up work done in class with tasks designed to consolidate or develop what you have done.

7. You should also take time to **review** and reflect on what you have been doing, regularly going over what you have done in class, checking your learning. This will also enable you to decide your priorities for private study, working on areas you find difficult or which are particular priorities for you (see point 9 below).

8. This assumes that you are **organised**: keep a file or notebook, in which you jot down what you have done and what you plan to do. It's a good idea to work for several shortish bursts a week than for a long time once a week.

9. While a lot of out-of-class work will be done at home, your university or college will probably have a **Learning Centre**, Language Centre or similar facility in the library. Check this out and use whatever you can to reinforce and supplement what you are doing in class and from this textbook. Make sure any material you use is suitable for your level: it will probably be classified or labelled using categories such as *Beginners*, *Intermediate* and *Advanced*.

    Possible resources: audio cassettes or CDs, videos, satellite TV, computer-based material, the internet, books (language courses, grammar guides, dictionaries, simple readers), magazines and newspapers, worksheets. Possible activities: listening comprehension, pronunciation practice, reading comprehension, grammar exercises, vocabulary exercises. Computer-based materials and worksheets will usually have keys with answers.

    It is possible your tutor will set specific work to be done in the Language Centre or that you will be expected to spend a certain amount of time there, otherwise you should find times during your week when you can drop in. The course assessment schedule may include a **portfolio** for which you choose course work items according to guidelines set by the tutor/course.

10. Don't be afraid of **grammar**. This is simply the term for how we describe the way a language works. Learn it and revise it as you go along. There are boxes with grammar points throughout each of the units in this book, a grammar summary for each unit and a grammar overview for the whole book. You probably feel hesitant about grammatical terms such as *direct object* or *definite article* but they are useful labels and easily learned. There is a guide to such terms towards the end of the book.

11. In addition to listening-based work in class, you should regularly work in your own time on the accompanying audio material. Try to reproduce the **pronunciation and intonation** of the native speakers on the recording. It's easier if you work at this from the start and establish good habits than if you approximate to the sounds of the language and have to correct them later. It's important that you repeat and speak out loud rather than in your head. Why not work with a friend?

12. Always bear in mind that, in learning a foreign language, you can normally understand (listening and reading) more than you can express (speaking and writing). Above all, relax when listening or reading, remember **you don't have to be sure of every word** to get the message and you don't need to translate into your native language.

13. Regular **practice** is the key. Remember *fluency* comes from the Latin for 'to flow': it means speaking 'flowingly', not necessarily getting everything perfectly right. It is also a good idea to dip back into earlier units in the book to test yourself.

14. Universities and colleges are increasingly international and you will almost certainly be able to make contact with **native speakers** of Italian. Try out your language, get them to correct your pronunciation, find out about their country and culture.

    And cheap flights mean you can afford to go there …

15. And finally, **enjoy** your language learning!

Tom Carty, Series Editor

1 Piacere di conoscerti!

In this unit you will revise ways of introducing yourself to others, of giving information about yourself and asking and answering questions about hobbies and interests. You will also learn how to ask someone a favour, how to ask for permission to do something, and finally how to express obligation, possibility and willingness to do something.

1 Conosciamoci meglio ...

a Leggi le parole elencate nel riquadro e scrivile sotto la categoria appropriata.

portoghese ballare lettere piatto vegetariano grasso informatica pesce	
affascinante professoressa tedesco avvocato barista italiano alto	
spaghetti alla bolognese dinamico giocare a tennis cameriera simpatico	
economia e commercio egoista suonare la chitarra legge bruno calvo	
pollo arrosto lingue inglese intellettuale dipingere fare fotografie	

Nazionalità	Materie di studio	Professione	Passatempi	Personalità	Aspetto fisico	Cibo

b Ora controlla con un compagno/una compagna e poi con l'insegnante.

c Aggiungi a ciascuna colonna altre parole di tua scelta.

1

2 Innamorato cotto …

a Ascolta il dialogo che si svolge tra alcuni studenti a una festa d'inizio dell'anno accademico all'Università di Siena e decidi se le seguenti affermazioni sono vere o false.

		VERO	FALSO
i	Anna lavora part-time in un ristorante e ha pochissimo tempo libero.	☐	☐
ii	Anna e Stephen escono insieme da un paio d'anni.	☐	☐
iii	Piero chiede ad Anna di andare fuori con lui una sera.	☐	☐
iv	Anna è vegetariana, però mangia pesce.	☐	☐
v	Stephen è bruno, sportivo, pieno di energia.	☐	☐
vi	Piero è innamorato cotto di Anna.	☐	☐

b Ascolta di nuovo il dialogo e correggi le informazioni che sono false.

_____

_____

_____

c Ascolta il dialogo un'altra volta e scrivi le domande di Anna e Piero. Segui l'esempio.

i   Di dove sei?

ii   Dove _____ ?

iii _____ ?

iv _____ ?

v _____ ?

vi _____ ?

vii _____ ?

viii _____ ?

grammatica

Dare del tu. Domandare in modo informale. (tu)

Di dove sei?	Where are you from?
Dove abiti?	Where do you live?
Che cosa studi?	What do you study?
Quanti anni hai?	How old are you?
Che lavoro fai?	What do you do?
Che cosa fai nel tempo libero?	What do you do in your free time?
Ti piace ...?	Do you like ...? (+ infinitive of verb or singular noun)
Ti piacciono ...?	Do you like ...? (+ plural noun)
Che cosa pensi di ...?	What do you think of ...?

3 Presentazioni

Fai le domande qui sopra a un compagno/una compagna e prendi appunti. Poi presentalo/la a un altro gruppo usando una delle seguenti formule.

Come presentare un'altra persona

Informalmente (tu):	**Ti presento ...**	I'd like to introduce ... to you
Formalmente (Lei):	**Le presento ...**	I'd like to introduce ... to you
A più persone (voi):	**Vi presento ...**	I'd like to introduce ... to you
	Questo/questa è ...	This is ...
	Piacere!	Nice to meet you!
	Piacere!	Nice to meet you too!

In Italia le persone, quando si presentano, si stringono la mano.
Stringersi la mano è comune anche tra persone che già si conoscono.

4 Puoi farmi un favore?

 a Leggi l'e-mail che Giovanna ha scritto a Pietro e metti una crocetta accanto all'opzione che ritieni corretta.

Da: **Giovanna@virgilio.it**

Oggetto: **invito**

Data: **20 Marzo 2005 14:55:57**

Caro Pietro,

Ti ringrazio molto dell'invito a cena. Purtroppo non posso venire perché al ristorante dove lavoro dobbiamo fare lo straordinario durante il fine settimana. Finisco di lavorare molto tardi e non voglio fare le ore piccole perché la domenica mattina devo alzarmi presto per studiare.

Spero di non offenderti e forse, se ti va, ci possiamo vedere al bar dell'università per fare quattro chiacchiere durante la settimana.

Posso chiederti un favore? Puoi portarmi gli appunti dell'ultimo seminario del Professor Di Napoli, se li hai? Un'altra cosa, ho un'amica inglese che studia italiano e le piacerebbe fare uno scambio di conversazione con uno studente madrelingua. Io proprio non ho tempo, posso darle il tuo numero? È un'ottima occasione se vuoi migliorare il tuo inglese.

Fammi sapere, ci sentiamo presto. Un saluto.

Giovanna

---

1 Giovanna scrive a Pietro perché
   a non può andare a cena.
   b vuole andare a teatro.
   c non vuole fare le ore piccole.

2 Giovanna non vuole fare tardi perché
   a deve lavorare.
   b vuole fare le ore piccole.
   c il giorno dopo deve alzarsi presto.

3 Giovanna chiede a Pietro se
   a vuole prendere un caffè con lei.
   b può portarle gli appunti.
   c può parlare con il Professor Di Napoli.

4 Giovanna chiede il permesso di
   a andare al seminario.
   b poter fare uno scambio di conversazione con lui.
   c poter dare il suo numero di telefono ad un'amica inglese.

5 Lo scambio di conversazione è un'ottima occasione per Pietro che
   a vuole migliorare il suo inglese.
   b vuole conoscere ragazze inglesi.
   c studia italiano.

b Cerca nell'email di Giovanna le frasi che esprimono queste funzioni. Scrivile e sottolinea in ogni frase il verbo che esprime la funzione.

i obbligo

_____

_____

ii possibilità

_____

_____

iii chiedere permesso

_____

_____

iv chiedere un favore

_____

_____

v volontà

_____

_____

	potere	**dovere**	**volere**
io	posso	devo	voglio
tu	puoi	devi	vuoi
lui/lei/Lei	può	deve	vuole
noi	possiamo	dobbiamo	vogliamo
voi	potete	dovete	volete
loro	possono	devono	vogliono

grammatica

<u>**potere**</u> 'can' or 'may'

Posso aprire la finestra? May I open the window?
Puoi fare quello che vuoi. You can do what you want.

<u>**volere**</u> 'want'

Voglio parlare con il direttore. I want to speak to the director.

<u>**dovere**</u> 'must'

Devo studiare. I must study.

5 Mi dispiace, ma non posso

 Leggi la risposta di Pietro a Giovanna e completa gli spazi.

Da: **Pietrom@libero.it**
Oggetto: **Mi dispiace**
Data: **21 marzo 2005 10:34:45**

Cara Giovanna,

Mi dispiace sentire che non **a** _____ venire. Che peccato! **b** _____ proprio lavorare così tanto? Ma non ti preoccupare, di sicuro ci **c** _____ incontrare perché **d** _____ rivederti prima possibile. Per quanto riguarda gli appunti di linguistica, mi dispiace tanto, ma non **e** _____ portarteli perché non li ho. Se ti va, **f** _____ chiederli ad un amico. Senti, **g** _____ dire alla tua amica che a me va benissimo fare uno scambio di conversazione, però **h** _____ trovare un posto, visto che in biblioteca non si può parlare. Se ci incontriamo nel tardo pomeriggio forse **i** _____ andare in un'aula libera all'università ed evitare di andare in un bar, così non si devono spendere soldi se non **j** _____ consumare!

Fammi sapere che cosa ti dice e spero di vederti presto.

Baci,

Pietro

---

 grammatica

Si impersonale

Qui si può comprare latte. — You can buy milk here.
Qui non si possono comprare sigarette. — You can't buy cigarettes here.

| **si può** + infinitive + singular noun | **si possono** + infinitive + plural noun |

6 Proibito ...

a Guarda i cartelli e scrivi dove si possono trovare.

i _____   ii _____   iii _____   iv _____   v _____   vi _____   vii _____

b Scrivi per ciascun cartello la frase che meglio lo illustra, usando il 'si' impersonale.
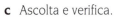 Qui non si può entrare in macchina.

c Ascolta e verifica.

Extra!

7 Che bella vacanza!

 Immaginate di essere andati in vacanza con queste persone. Tornati a casa, mostrate le foto ad alcuni amici. Parlate delle persone della foto immaginando tutte le informazioni possibili su di loro (nome, nazionalità, professione, etc.).

8 Si deve parlare solo italiano!

a Scrivi una lista di cose che si devono o non si devono fare in classe, in particolare pensa alla classe d'italiano.

Si deve parlare solo italiano.

 b Ascolta il dialogo tra Marina e Giuseppe, controlla la lista che hai scritto in 8a e aggiungi altre cose che si devono e non si devono fare.

 c Sei d'accordo? Discuti con un compagno/una compagna.

Grammatica

- **The present tense**

  In Italian there are three main verb patterns: **-are**, **-ere**, **-ire** (e.g. **lavorare**, **prendere**, **partire**). The present *tense* of *regular verbs* is formed by dropping the *infinitive* ending **-are**, **-ere**, **-ire**, and adding the following endings to the verb stem. (For irregular verbs see *Grammatica* p.160.)

	lavor<u>are</u>	prend<u>ere</u>	part<u>ire</u>	cap<u>ire</u>*
(io)	lavor<u>o</u>	prend<u>o</u>	part<u>o</u>	cap<u>isco</u>
(tu)	lavor<u>i</u>	prend<u>i</u>	part<u>i</u>	cap<u>isci</u>
(lui/lei, Lei)	lavor<u>a</u>	prend<u>e</u>	part<u>e</u>	cap<u>isce</u>
(noi)	lavor<u>iamo</u>	prend<u>iamo</u>	part<u>iamo</u>	cap<u>iamo</u>
(voi)	lavor<u>ate</u>	prend<u>ete</u>	part<u>ite</u>	cap<u>ite</u>
(loro)	lavor<u>ano</u>	prend<u>ono</u>	part<u>ono</u>	cap<u>iscono</u>

  * Some **-ire** verbs are like **capire**: **preferire**, **finire**, **pulire**, **spedire**.

- **Modal verbs**

  Modal verbs are always followed by the *infinitive*.

Posso parlare con Lucia?	Can I speak to Lucia?
Voglio studiare italiano.	I want to study Italian.
Devo andare dal medico.	I have to go to the doctor.

	potere	dovere	volere
(io)	posso	devo	voglio
(tu)	puoi	devi	vuoi
(lui/lei, Lei)	può	deve	vuole
(noi)	possiamo	dobbiamo	vogliamo
(voi)	potete	dovete	volete
(loro)	possono	devono	vogliono

- **The verb *piacere***

  The verb **piacere** (to like) is literally equivalent to the English 'to be pleasing to'

Mi piace leggere.	I like reading (literally: reading is pleasing to me).

- **Si può / si possono**

  Si può and **si possono** express the *impersonal* form, equivalent to the English 'you can'. They are always followed by the infinitive. **Si può** is used with the infinitive on its own or the infinitive + a singular noun. **Si possono** is used with the infinitive + a plural noun.

Dal tabaccaio <u>si può</u> comprare <u>il sale</u> **e <u>si possono</u> comprare <u>i francobolli</u>.**	You can buy salt from the tobacconist and you can buy stamps.
Qui non <u>si può fumare</u>.	You can't smoke here.

Esercizi di grammatica

1 Completa le frasi con i verbi regolari e irregolari appropriati.

   a Mario _lavora_ (lavorare) in un negozio di scarpe e _____ (guadagnare) bene.

   b Mia sorella _____ (abitare) a Bali e non mi _____ (scrivere) mai.

   c A che ora _____ (voi/partire) per Roma? _____ (venire) a prendervi noi.

   d Come _____ (voi/stare)? È da molto tempo che non ci _____ (noi/vedere).

   e I miei genitori _____ (andare) sempre in montagna e _____ (fare) lunghe passeggiate.

   f Ti _____ (io/telefonare) da casa di Rosa, e tu quando _____ (arrivare)?

2 Abbina ciascuna domanda alla risposta appropriata.

   1 Dove abiti? *d*   **a** Vado al cinema e leggo molto.
   2 Che cosa fai nel tempo libero?   **b** Chimica all'università di Pisa.
   3 Che lavoro fai?   **c** Ventitrè.
   4 Che cosa studi?   **d** A Roma.
   5 Di dove sei?   **e** No, preferisco il jazz.
   6 Cosa pensi di Luca?   **f** Di Ferrara, ma abito a Verona.
   7 Ti piace la musica soul?   **g** Sono insegnante di latino.
   8 Quanti anni hai?   **h** È simpatico.

3 Rifiuta di fare le seguenti cose e trova una scusa.

   a Ti va di venire al cinema?

   Non posso venire perché devo incontrare Luca.

   b Andiamo in piscina?

   c Vieni a cena da me giovedì?

   d Perché non ci vediamo per un caffè dopo la lezione?

   e Ti aspetto a casa mia alle otto.

   f Ricordati che hai un appuntamento con l'avvocato alle tre.

4 Completa gli spazi con le forme corrette di **si può/si possono**.

   a In Italia non _si può_ più pagare con le lire.

   b Non _____ calpestare le aiuole.

   c A Londra _____ visitare un sacco di musei interessanti.

   d Non _____ parlare al conducente.

   e Qui _____ parcheggiare solo dopo le otto.

Glossario

Esercizio 1

affascinante	charming
egoista	selfish
dipingere	to paint

Esercizio 2

innamorato/a	in love

Esercizio 4

crocetta (f)	cross, tick
purtroppo	unfortunately
straordinario (m)	overtime
fare le ore piccole	to stay up till late
appunti (m pl)	notes
madrelingua (adj)	mother-tongue
migliorare	to improve
permesso (m)	authorization
obbligo (m)	obligation
volontà (f)	will, wish

Esercizio 5

che peccato!	what a pity!
preoccuparsi	to worry
per quanto riguarda	with regard to
tardo pomeriggio (m)	late afternoon
aula (f)	classroom
consumare	to consume, to order
cartello (m)	sign

Esercizio 6

proibito	forbidden

Extra!

mostrare	to show
regola (f)	rule
squillare	to ring (phone)
prigione (f)	prison
dare fastidio	to annoy
secchione	swot

Esercizi di grammatica

guadagnare	to earn
calpestare	to tread on
aiuola (f)	flower bed
un sacco di	a lot of
conducente (m/f)	driver

Lavoro di coppia

innaffiare	to water
saggio (m)	essay
bolletta (m)	utility bill
dare da mangiare	to feed
bloc-notes (m)	notebook

registrare	to record
puntata (f)	episode
lavatrice (f)	washing machine

Ancora un po' di pratica

diavolo (m)	devil
nemmeno	not even
bastone (m)	stick
monello (m)	street urchin
tonto/a	simpleton
bravata (f)	prank
botto (m)	bang
puzzo (m)	stink
zolfo (m)	sulphur
forca (f)	pitchfork
svenire	to faint
bugia (f)	lie
esclamare	to exclaim
scappare	to run away
cascarci	to be tricked
precipitarsi	to rush
soglia (f)	threshold
salvare	to save, to rescue
raccomandata (f)	recorded delivery letter
pezzo grosso (m)	bigwig, top man
indovinare	to guess
tagliare	to cut
aiutare	to help
Natale (m)	Christmas
vincere	to win
notare	to notice
se	if

Lavoro di coppia

1 Parlami di te!

a Compila la scheda con i tuoi dati.

b Chiedi al compagno/alla compagna le informazioni necessarie per riempire la sua parte della scheda. Usa il pronome 'tu'.
Come ti chiami?

c Ora tocca a te rispondere alle domande del compagno/della compagna.

	I tuoi dati	I dati del compagno/della compagna
Nome	_____	_____
Nazionalità	_____	_____
Professione	_____	_____
Residenza	_____	_____
Età	_____	_____
Stato civile	_____	_____
Passatempi	_____	_____
Cibi	_____	_____

2 Dammi una mano!

a Hai deciso di andare via per una settimana e hai chiesto al tuo amico/alla tua amica di venire ad abitare a casa tua. Chiedigli/le i seguenti favori:

innaffiare le piante.
consegnare il tuo saggio al professor Paoletti
pagare la bolletta del telefono entro giovedì
dare da mangiare al gatto
scrivere i messaggi telefonici nel bloc-notes accanto al telefono
registrare una puntata del tuo programma preferito

Rispondi alle sue richieste.

A Puoi venire ad abitare a casa mia per una settimana?

B Sì, certo che posso venire. Ma, senti ... Posso usare la tua bicicletta per andare all'università?

A Sì, va bene.

b Ora scambiatevi i ruoli, usando le vostre idee.

Lavoro di coppia

1 Parlami di te!

a Compila la scheda con i tuoi dati.

b Rispondi alle domande del compagno/della compagna.

c Ora chiedi a tua volta le informazioni necessarie per riempire la sua parte della scheda. Usa il pronome 'tu'.
Come ti chiami?

	I tuoi dati	I dati del compagno/della compagna
Nome	_____	_____
Nazionalità	_____	_____
Professione	_____	_____
Residenza	_____	_____
Età	_____	_____
Stato civile	_____	_____
Passatempi	_____	_____
Cibi	_____	_____

2 Senti, posso ...

a Il tuo amico/La tua amica va via per una settimana e ti ha chiesto di andare ad abitare a casa sua. Ti chiede alcuni favori. Accetta e chiedi a tua volta il permesso di fare le seguenti cose:

usare il suo computer
invitare amici a cena
fare la lavatrice
usare il telefono
ascoltare i suoi CD
portare il tuo ragazzo/la tua ragazza per il fine settimana

A *Puoi venire ad abitare a casa mia per una settimana?*

B *Sì, certo che posso venire. Ma, senti ... Posso usare la tua bicicletta per andare all'università?*

A *Sì, va bene.*

b Ora scambiatevi i ruoli, usando le vostre idee.

2 Il passato è ... passato!

The purpose of this unit is to talk about past events, the summer holidays, travel, and previous experiences in language learning. You will also revise the past tense of regular and irregular verbs.

1 L'estate scorsa ...

a Ascolta le frasi nella registrazione e trova le domande corrispondenti. Scrivi una lettera in ogni casella.

❶ Ciao, Marco! Come sono andate le vacanze? □

❷ Lucia! Che bello vederti! Cos'hai fatto di bello quest'estate? □

❸ Ciao, Paolo! Come stai? Hai passato una bella estate? □

❹ Carla, sei andata in vacanza quest'estate? □

❺ Come sei abbronzato! Sei andato in vacanza al mare? □

b Pensa ad altre possibili domande e scrivile nelle nuvolette.

1. _____

2. _____

3. _____

c Immagina le attività che si possono fare durante l'estate e fai una lista. Lavora con un compagno/una compagna. Usa l'infinito.

andare al mare _____ _____

_____ _____

_____ _____

_____ _____

d Confrontate la vostra lista con quella di un'altra coppia e aggiungete altre attività.

2 Che cosa hanno fatto?

a Ascolta il dialogo e decidi se le seguenti affermazioni sono vere o false.

		VERO	FALSO
i	Tiziana si è divertita durante l'estate.	☐	☐
ii	Andrea è andato in vacanza all'Isola d'Elba.	☐	☐
iii	Un'amica greca ha invitato Tiziana a casa sua.	☐	☐
iv	Margherita è rimasta a Roma con i cani e i genitori.	☐	☐
v	È andata spesso al cinema.	☐	☐
vi	Andrea e Tiziana dicono che Margherita è molto simpatica.	☐	☐

b Ascolta di nuovo il dialogo e completa la tabella con le informazioni richieste.

	Andrea	**Tiziana**	**Margherita**
Dove?			
Con chi?			
Per quanto tempo?			
Che cosa hanno fatto?			

c Insieme ad un compagno/una compagna guarda la sezione della tabella 'Che cosa hanno fatto?'. Osserva i verbi al passato e rispondi alle domande.

i Come si forma il participio passato dei verbi in **-are**, **-ere**, **-ire**?

andare _____ vendere _____ partire _____

ii Esistono dei participi passati irregolari. Te ne ricordi alcuni?

leggere → letto

iii Con quali verbi si usa l'ausiliare **essere** e con quali **avere**?

iv Chi parla? Abbina le lettere ai numeri.

1 Sono andato a Roma.	**a** Marco e Maria
2 Abbiamo mangiato bene.	**b** Carla e Giulia
3 Sono arrivata tardi.	**c** Elena
4 Siamo partite alle sette.	**d** Mario

grammatica

<u>Passato prossimo</u>

Il passato prossimo è un *tempo composto* formato da:

ausiliare   +   participio passato del verbo principale
essere / avere   +   **-ato / -uto / -ito**

essere
  + verbi di movimento
(andare, venire, ecc.)
+ verbi di trasformazione
(cambiare, diventare, ecc.)
+ verbi riflessivi
(mi sveglio, mi diverto, ecc.)

+ participio passato che termina in
-a/-o/-e/-i, cioè concorda con il
soggetto

Ieri Sandro è andato al cinema. Luciana è nata a Roma. Luca e suo fratello si sono svegliati alle 7.

avere
  + tutti gli altri verbi
(verbi transitivi)

+ participio passato che termina in
-o

Abbiamo incontrato i nostri amici e abbiamo festeggiato il compleanno di Gino.

Nota che molti participi passati sono irregolari, per esempio:

dire → detto   **fare → fatto**   **prendere → preso**

3 Quando?

a Osserva le espressioni di tempo e mettile in ordine cronologico partendo dal passato più lontano. Scrivile nella tabella sotto la colonna 'Quando'.

> l'altro ieri   ieri   stamattina   un'ora fa   la settimana scorsa   ieri sera
> l'anno scorso   nel 1999   cinque anni fa

Quando?	io	compagno/compagna
nel 1999		

b Ora scrivi nella colonna 'Io' che cosa hai fatto in questi momenti del passato. Usa i verbi all'infinito.

c Lavora con un compagno/una compagna. Chiedigli/le che cosa ha fatto in ciascun momento del passato e completa la colonna 'Compagno/Compagna' con le sue risposte. Poi scambiatevi i ruoli.

Che cosa hai fatto nel 1993?
Sono andato/a in Cina.

4 Impariamo una lingua

a Abbina le parole italiane al loro corrispondente inglese.

i	secondo me	**a**	given that
ii	mi sto rendendo conto	**b**	in my opinion
iii	soggiorno	**c**	an exchange
iv	mettersi a studiare	**d**	I am beginning to realise
v	non basta	**e**	stay (*noun*)
vi	uno scambio	**f**	to start studying
vii	dato che	**g**	it is not enough

b Leggi l'email e rispondi alle domande.

Cara Haruyo

come va? E il tuo corso? Io sono occupatissima. Passo ore ed ore in biblioteca. Ti sto scrivendo perché ho iniziato a studiare l'arabo e mi sto rendendo conto di quanto più facili siano le lingue europee.

La mia passione per l'arabo è cominciata quando, due anni fa, sono stata in Egitto. Un'amica mi ha ospitato nel suo appartamento al Cairo per due settimane. Durante questo soggiorno ho visitato la città e ho incontrato persone gentilissime. Al ritorno ho deciso di mettermi a studiare l'arabo egiziano.

Da sei mesi vado a lezione due volte alla settimana e ogni giorno faccio esercizio, inoltre ho conosciuto uno studente egiziano che mi aiuta. Da circa tre mesi ci incontriamo ogni venerdì e facciamo uno scambio, ma il mio arabo migliora molto lentamente.

Secondo me, per imparare una lingua così difficile, non basta studiare molto, ma si deve passare un po' di tempo in un paese di lingua araba. Forse un giorno ...?

E tu, Haruyo, stai studiando italiano sempre con lo stesso entusiasmo? Probabilmente il tuo italiano ormai è ottimo dato che sei in Italia da quasi un anno ed è per questo che ti scrivo in italiano.

Mandami tue notizie. A presto.

Carmela

---

i Perché Carmela sta studiando l'arabo?

ii Per quanto tempo è rimasta al Cairo?

iii Da quanto tempo va a lezione di arabo?

iv Perché si incontra ogni settimana con uno studente egiziano?

v Perché Carmela scrive a Haruyo in italiano?

grammatica

<u>Stare</u> + <u>gerundio</u>

Haruyo sta studiando italiano.   Haruyo is studying Italian.
Carmela sta scrivendo una lettera.   Carmela is writing a letter.

Per il gerundio vedi Unità 7.

5 Da quanto tempo? Per quanto tempo?

a Osserva queste frasi. A che cosa corrispondono in inglese?

   i Haruyo è in Italia **da** un anno.
   ii Carmela è stata al Cairo **per** due settimane.

grammatica

<u>da / per</u>

da
Haruyo è in Italia da un anno.   **presente + da** + tempo
                                                     L'azione è ancora in corso.

per
Carmela è stata al Cairo per due settimane.   **passato prossimo + per** + tempo
                                                     L'azione è terminata.

b Ora scrivi le domande corrispondenti a ciascuna frase.

   i _____ quanto tempo _____ ?

       John ha abitato a Roma per tre anni.

   ii _____ quanto tempo _____ ?

       Anne studia l'italiano da otto mesi.

   iii _____quanto tempo _____ ?
       Conosco Lucia da cinque mesi.

   iv _____ quanto tempo _____ ?
       Ho lavorato in Germania per due anni.

6 Un colloquio di lavoro

 a Ascolta il colloquio di lavoro di Laura Panelli e completa il suo curriculum vitae con le informazioni mancanti.

Curriculum Vitae

Nome	Laura Panelli
Luogo e data di nascita	Brescia, 9 Marzo 199 …
Indirizzo	Viale Trastevere, 38 **i** _____
Nazionalità	Italiana

Studi

199	**ii** _____ conseguito presso il Liceo 'Verdi' di Roma con una votazione di 58/60
199	Laurea in **iii** _____ , presso l'Università di Trieste
199	Master in Traduzione presso Imperial College a **iv** _____

Lingue straniere conosciute

v _____
_____

Esperienza professionale

vi _____	traduttrice presso la casa editrice Einaudi, Torino (sede di Roma)
2001–2003	insegnante di traduzione **vii** _____ _____ ,Università di Reading
2001	volontariato presso Amnesty International, **viii** _____ _____
1997–1998	tirocinio presso la casa editrice Virago, inglese-italiano

Referenze   **ix** _____

---

b Rileggi il curriculum vitae di Laura Panelli, poi scrivi almeno due frasi usando **da** + espressioni di tempo e due frasi usando **per** + espressioni di tempo.

da	a	_____
	b	_____
per	c	_____
	d	_____

Extra!

7 Che bello il progetto Erasmus!

 a Ascolta il dialogo tra Sabrina e Paolo e riordina la sequenza degli avvenimenti.

a ☐1 andare in Germania
b ☐ conoscere un ragazzo spagnolo
c ☐ andare in Olanda
d ☐ arrivare a fine settembre
e ☐ scoprire che aveva la fidanzata
f ☐ piangere tutti i giorni
g ☐ aprire un conto in banca

h ☐ andare a una festa di Carnevale
i ☐ fare una gita a Berlino
j ☐ incontrare qualcuno di speciale
k ☐ visitare la zona intorno a Essen
l ☐ fare amicizia con studenti italiani
m ☐ migliorare il tedesco

b Ora riascolta e rispondi alle domande.
i Perché il periodo iniziale è stato difficile?
ii Ha fatto tutto da sola?
iii Come si sono conosciuti Sabrina e Andreas?
iv A parte studiare, che cosa ha fatto Sabrina in Germania?
v Le è dispiaciuto partire?

8 Tutti al mare!!

 Leggi l'articolo 'L'italiano in vacanza' e rispondi alle domande.

L'italiano in vacanza

Gli italiani che vanno in vacanza sono sempre più numerosi, ma sono preoccupati per l'andamento dell'economia e per le vacanze spendono sempre meno. È stata effettuata una ricerca su sette Paesi europei e da questa ricerca emerge che gli italiani sono il popolo più vacanziero d'Europa, ma sono quelli che spendono meno. Oltre a spendere poco, gli italiani (il 30%) dichiara di essere stato influenzato dalla paura del terrorismo e sceglie con molta cura il mezzo di trasporto con cui spostarsi. Gli italiani sono spaventati soprattutto dall'aereo e particolarmente dai voli charter. Il 78% degli italiani, infatti, si informa sulla compagnia aerea con la quale viaggerà, il 72% sulla sicurezza degli aeroporti e il 68% anche sul modello di aereo. Rispetto agli altri europei siamo anche meno entusiasti. Sono proprio gli italiani infatti ad aver avuto più spesso brutte esperienze in vacanza. Uno su due dichiara di essersi trovato male almeno una volta in vacanza a causa del clima cattivo, dei problemi legati ai trasporti o la perdita del bagaglio.

In vacanza gli italiani vanno soprattutto per riposarsi, per visitare nuovi luoghi e scoprire nuove culture. Come primo criterio di scelta abbiamo la bellezza del paesaggio e della natura e poi quello della pulizia delle spiagge. Tra il mare e la montagna, gli italiani non hanno dubbi, ben il 79% sceglie il mare. Tanti italiani vanno in vacanza all'estero, ma ben il 67% rimane nel Bel Paese, che è la terza meta preferita dagli europei, dopo la Francia e la Spagna.

i Qual è il risultato generale di questa ricerca?
ii Che cosa dice l'articolo degli italiani e l'aereo?
iii Quali sono le brutte esperienze degli italiani in vacanza?
iv Per quali motivi l'italiano va in vacanza?
v Qual è la meta preferita degli italiani?
vi A che cosa si riferisce la percentuale del 67%?

Grammatica

- **Il passato prossimo**

The perfect tense is used to relate actions completed in the past and also in a recent past which may have links to the present.

È andata in piscina means

BOTH	She went to the swimming pool. (an action which was completed in the past)
AND	She has gone to the swimming pool. (an action with implications for the present – she could still be there)

The *passato prossimo* is a *compound tense* formed by the *present tense* of **essere** or **avere** and the *past participle* of the main verb.

The past participle or **participio passato** is formed by adding the endings **-ato**, **-uto**, **-ito** to the stem of the verb.

andare → andato   vendere → venduto   partire → partito

The *auxiliary verb* **avere** is used with *transitive verbs*, i.e. verbs taking a direct object. In this case the past participle does not agree with the subject.

Un'amica greca ha invitato Tiziana a casa sua.
A Greek friend invited Tiziana to her house.

The auxiliary verb **essere** is used with *intransitive verbs*, i.e. verbs taking an indirect object or no object at all, and also with reflexive verbs. In this case, the past participle agrees with the subject.

Silvia è arrivata tardi. (intransitive verb)
Silvia arrived late.

Tiziana e Andrea si sono divertiti durante l'estate. (reflexive verb)
Tiziana and Andrea enjoyed themselves during the summer.

- **Da quanto tempo? Per quanto tempo?**

If the action has been completed:
passato prossimo + **per** + time

Francesca ha lavorato a Firenze per due anni.
Francesca worked in Florence for 2 years (and she doesn't any longer).

If the action is still occurring:
present tense + **da** + time

Jean studia l'italiano da due anni.
Jean has been studying Italian for 2 years (and she is still studying it now).

Esercizi di grammatica

1 Inserisci la forma corretta di **essere** o **avere** negli spazi.

Ciao, come va? Come _è_ andato il fine settimana? Io mi **a** _____ divertito moltissimo.
Venerdì sera **b** _____ incontrato degli amici a Soho e **c** _____ andati al cinema.
d _____ usciti verso l'una e **e** _____ mangiato qualcosa prima di andare in
discoteca. Lì, **f** _____ incontrato delle ragazze spagnole e **g** _____ ballato con
loro fino alle cinque di mattina. Poi ci **h** _____ salutati e io e i miei amici **i** _____
preso il primo treno e **j** _____ tornati a casa. Mi **k** _____ addormentato vestito e
mi **l** _____ svegliato soltanto nel tardo pomeriggio di sabato. La domenica **m**
_____ dovuto studiare tutto il giorno. Che palle!

A presto.
Mario

2 Completa gli spazi con il passato prossimo dei verbi tra parentesi.

  a Ieri sera io e Marco _abbiamo guardato_ (guardare) la televisione e poi _____
  (andare) a letto.
  b Oggi _____ (svegliarsi / io) tardi e _____ (perdere) l'autobus.
  c L'estate scorsa Thérèse _____ (venire) a trovarmi e insieme _____ (fare) un
  viaggio in treno per l'Europa.
  d Quando _____ (iniziare / tu) a studiare il cinese? _____ (cominciare) due anni fa.
  e Non _____ (piacere / mai / a me) giocare a scacchi, ma _____ (avere / sempre)
  una passione per il poker.

3 Completa ogni frase abbinandola a tutte le espressioni di tempo possibili.

  a Abbiamo giocato a tennis   per 4 anni
  b Non vado in Italia   per tutta la mattinata
  c Studio a Londra   per 2 ore
  d Non ci incontriamo   dal Natale scorso
  e Franco ha parlato al telefono   dall'estate scorsa
  f Ho vissuto a Rio de Janeiro   da 5 mesi

4 Scrivi le domande per queste risposte.

  a _____ ? Sono andata in vacanza a Delhi.

  b _____ ? Sono andata con mio marito e mio figlio.

  c _____ ? Siamo rimasti tre settimane.

  d _____ ? Perché abbiamo dei parenti lì.

Glossario

Esercizio 1

abbronzato/a	tanned
magari	maybe
bagnino (*m*)	bathing-attendant

Esercizio 2

traghetto (*m*)	ferry
valere la pena	to be worth
una noia!	such a bore!
portare a spasso	to take out for a walk

Esercizio 4

occupatissimo/a	very busy
rendersi conto	to realise
lentamente	slowly
ottimo/a	excellent
notizia (*f*)	piece of news

Esercizio 6

colloquio (*m*)	interview
luogo (*m*) di nascita	birthplace
conseguito/a	obtained
presso	at
votazione (*f*)	mark
traduttrice (*f*)	translator
impiego (*m*)	employment
casa editrice (*f*)	publishing house
sede (*f*)	branch
volontariato (*m*)	voluntary work
tirocinio (*m*)	training
effettuare	to carry out
fornire	to supply

Extra!

scarso	scarce, poor
conto (*m*)	account
compilare	to fill in
modulo (*m*)	application form
straniero (*m*)	foreigner
matita (*f*)	pencil
scoprire	to find out
fidanzata (*f*)	fiancée
piangere	to cry
gita (*f*)	trip
intorno	around
raccontare	to tell
rinnovare	to renew
andamento (*m*)	trend
emergere	to emerge
paura (*f*)	fear
spostarsi	to travel
spaventato/a	frightened
rispetto a	compared to
trovarsi male	to dislike
almeno	at least

a causa di	due to
perdita (*f*)	loss
bagaglio (*m*)	baggage
riposarsi	to rest
scelta (*f*)	choice
pulizia (*f*)	cleanliness
dubbio (*m*)	doubt
estero (*m*)	abroad
Bel Paese (*m*)	Italy
meta (*f*)	destination

Esercizi di grammatica

salutarsi	to greet each other
addormentarsi	to fall asleep
scacchi (*m pl*)	chess

Lavoro di coppia

zabaglione (*m*)	zabaglione (a dessert)
parapendio (*m*)	gliding
grappa (*f*)	grappa, alcoholic drink
a fin di bene	with good intentions
incidente (*m*)	accident
perdere	to lose
portafoglio (*m*)	wallet
paracadutismo (*m*)	parachuting
romanzo (*m*)	novel

Ancora un po' di pratica

statua (*f*)	statue
saltare in mente	to come to mind
montarsi la testa	to put on airs
matto/a	mad
abitante (*m/f*)	inhabitant
festeggiare	to celebrate
bronzo (*m*)	copper
collocare	to put
infanzia (*f*)	childhood
risata (*f*)	laughter
faccia (*f*)	face
parente (*m/f*)	relative
miseria (*f*)	poverty
fiore (*m*)	flower
voglia (*f*) di vivere	zest for life
aspettarsi	to expect
partecipare	to participate

Lavoro di coppia

1 Esperienze

a Chiedi al compagno/alla compagna se ha mai fatto queste cose e quando.

> **A** *Hai mai mangiato lo zabaglione?*
> **B** Sì, certo.
> **A** *Quando?*
> **B** L'anno scorso in un ristorante italiano.

andare a Venezia
fare parapendio
leggere un giornale italiano
scrivere una lettera d'amore
dire una bugia a fin di bene
avere un incidente
dormire in spiaggia
perdere il portafoglio

Venezia

b Ora tocca a te rispondere alle domande del compagno/della compagna.

2 Presente e passato

a Completa la tabella. Scrivi nella colonna A alcune cose che fai ancora e nella colonna B cose che non fai più.

A cose che fai ancora	da quanto tempo?	B cose che hai fatto e che non fai più	per quanto tempo?
studiare italiano		andare a scuola	

b Scambia il libro con il compagno/la compagna e domanda da quanto tempo fa le attività della colonna A, e per quanto tempo ha fatto le attività della colonna B. Aggiungi altre domande usando **Dove?**, **Quando?**, **Perché?** Poi scambiatevi i ruoli.

Lavoro di coppia

1 Esperienze

a Rispondi alle domande del compagno/della compagna.

A *Hai mai mangiato lo zabaglione?*
B *Sì, certo.*
A *Quando?*
B *L'anno scorso in un ristorante italiano.*

b Poi, a tua volta, chiedi se ha mai fatto queste cose e quando.

Venezia

bere la grappa
scrivere un email in italiano
dire male di qualcuno
avere molta paura
andare a Firenze
perdere il passaporto
fare paracadutismo
leggere un romanzo italiano

2 Presente e passato

a Completa la tabella. Scrivi nella colonna A alcune cose che fai ancora e nella colonna B cose che non fai più.

A cose che fai ancora	da quanto tempo?	B cose che hai fatto e che non fai più	per quanto tempo?
studiare italiano		*andare a scuola*	

b Scambia il libro con il compagno/la compagna e domanda da quanto tempo fa le attività della colonna A, e per quanto tempo ha fatto le attività della colonna B. Aggiungi altre domande usando **Dove?**, **Quando?**, **Perché?** Poi scambiatevi i ruoli.

3 Fare la spesa o fare spese?

In this unit you will be able to go shopping for food and for clothes. You will revise pronouns and learn to use combined pronouns.

1 Che compriamo?

 a Leggi i nomi dei negozi. Nota che **fare la spesa** significa andare a comprare cose da mangiare, mentre **fare spese** significa fare lo shopping in generale.

Si può fare la spesa: Si possono fare spese:

in macelleria

in profumeria

in salumeria

nel negozio di abbigliamento

dal fruttivendolo

nel negozio di calzature

 b Quali prodotti vendono in questi negozi? Lavora con un compagno/una compagna. Per ogni negozio elencate i prodotti che conoscete.

In salumeria: prosciutto, formaggio, olio, ...

 c Ora confrontate la vostra lista con quella di altre coppie. Verificate se avete pensato agli stessi prodotti. Aggiungete quelli che non avete scritto.

---

grammatica

in / da?

Vado **in** salumeria e poi **in** macelleria.	**in** + nome del negozio o luogo di lavoro
Vado **dal** salumiere e poi **dal** macellaio.	**da** + articolo + nome della persona

Talvolta però c'è solo la forma **da** + articolo + nome della persona.

Vado **dal** fruttivendolo.   Non si può dire: Vado ~~in frutteria!~~

3 Fare la spesa o fare spese?

2 Dove sono?

a Ascolta le conversazioni e decidi in che negozio si svolgono.

i _____

ii _*nel negozio di generi alimentari*_____

iii _____

iv _____

b Riascolta, scrivi che cosa comprano i clienti e poi indica se fanno la spesa o fanno spese.

i _*un chilo di mele, mezzo chilo di pomodori / fare la spesa*_

ii _____

iii _____

iv _____

3 Fare la spesa

Leggi il messaggio di Lucia e completalo scegliendo le parole giuste tra quelle nel riquadro. Ci sono tre parole in più.

> basilico   pomodori   aceto   mozzarella   gnocchi   banane   olio

Ciao Giorgio, scusa ma non ho avuto il tempo di fare la spesa. Per pranzo c'è del riso di ieri, ma manca il secondo. Per favore, compra dei **a** _____ e della **b** _____.
Manca anche la frutta, prendi anche delle **c** _____. Torno all'una. Ci vediamo. Lucia
P.S. Non comprare troppa mozzarella come al solito! Non ti dimenticare di prendere anche del **d** _____ per la caprese. Grazie.

grammatica

Il partitivo

Per esprimere 'some', 'any', 'a few', usa le combinazioni: **di + articolo**.

(di + il) **del**	(di + lo) **dello**	(di + la) **della**	(di + l') **dell'**	(di + i) **dei**	(di + gli) **degli**	(di + le) **delle**
pane	zucchero	pasta	insalata	pomodori	spaghetti	mele

4 La lista della spesa

a Che cosa non manca mai nella cucina di casa tua? Fa' una lista.
Del caffè, della pasta, dell'olio ...

b Ora confronta la tua lista con quella di un compagno/una compagna. Confrontate le vostre abitudini alimentari.

Anna	*Nel mio frigo non manca mai il latte.*
Bill	*Io non lo bevo mai.*
Anna	*Davvero? Io non riesco a dormire senza.*

5 Un'amica a cena

a Riordina il dialogo.

Maria
- ☐ Oggi viene Cristina a cena. Che facciamo?
- ☐ Che ne dici di un risotto?
- ☐ Sì. Per dolce possiamo mangiare un gelato.
- ☐ Sì, possiamo farlo al forno con le patate.
- ☐ Devo comunque andare in salumeria per comprare del pane e del parmigiano.
- ☐ Allora possiamo fare delle tagliatelle con panna, funghi e speck.

Pietro
- ☐ E per primo che facciamo?
- ☐ Il vino c'è?
- ☐ Non lo so. C'è il pollo che ho comprato ieri.
- ☐ No, a Cristina non piace il riso.
- ☐ Sì, va benissimo.
- ☐ Sì, ma non ci sono né le tagliatelle, né lo speck.

b Ascolta e controlla.

6 Una cena vegetariana

Lavora con un compagno/una compagna. Organizzate una cena per una coppia di amici vegetariani. Usate il dialogo dell'esercizio 5 come modello.

7 Dal salumiere

a Ascolta e completa il dialogo con le battute del salumiere.

Salumiere	**i**	_____
Cliente	Buongiorno. Vorrei del parmigiano reggiano.	
Salumiere	**ii**	_____
Cliente	Circa mezzo chilo.	
Salumiere	**iii**	_____
Cliente	Sì, perfetto.	
Salumiere	**iv**	_____
Cliente	Vorrei anche dello speck.	
Salumiere	**v**	_____
Cliente	200 grammi.	
Salumiere	**vi**	_____
Cliente	È tutto, grazie. Quant'è?	
Salumiere	**vii**	_____
Cliente	Ecco a Lei 20 euro.	
Salumiere	**viii**	_____
Cliente	Arrivederci.	

b Ascolta di nuovo e controlla.

c Ora immagina di dover comprare gli ingredienti per la cena vegetariana. Un compagno/una compagna è il negoziante. Poi scambiatevi i ruoli.

8 Fare spese

Abbina i disegni ai nomi. Attenzione: ci sono cinque nomi in più!

1    **4**    **7**

a camicetta
b pantaloni
c cappello
d camicia
e gonna
f sciarpa
g maglione
h giacca
i gilet
j cappotto
k scarpe
l scarpe da ginnastica
m calzini

2   **5**   **8**

3   **6**

9 Colori

a Abbina le parole italiane al loro corrispondente inglese.

1 rosso		**a** green
2 nero		**b** brown
3 bianco		**c** pink
4 grigio		**d** red
5 giallo		**e** blue
6 verde		**f** orange
7 marrone		**g** white
8 arancione		**h** grey
9 viola		**i** yellow
10 rosa		**j** purple
11 blu		**k** black

b Conosci i colori delle squadre di calcio italiane? Chi sono ...?

i i rossoneri _____   **iv** i neroazzurri _____

ii i bianconeri _____   **v** i viola _____

iii i giallorossi _____

10 Colori e indumenti

Completa con **-o**, **-a**, **-i**, **-e**.

i una camicia ner___ e marron___

ii un maglione ner___ e marron___

iii dei pantaloni ner___ e marron___

iv delle scarpe ner___ e marron___

grammatica

Gli aggettivi

	Aggettivi in -o		Aggettivi in -e	
	Singolare	Plurale	Singolare	Plurale
Maschile	-o **rosso**	-i **rossi**	-e **verde**	-i **verdi**
Femminile	-a **rossa**	-e **rosse**		

Attenzione: viola, rosa, blu non cambiano!

11 Chi è?

a Descrivi l'abbigliamento di una persona in classe.

Indossa (he/she's wearing) _____

b Ora leggi la descrizione e gli altri cercano di indovinare chi è.

12 Nel negozio di abbigliamento

a Riordina il dialogo tra la commessa e il cliente.

Cliente

☐ Buongiorno.

☐ La 44.

☐ Sì, quella nera.

☐ Sì, mi piace. Quanto costa?

☐ Va bene la prendo.

☐ La posso provare?

☐ No, grazie. Posso pagare con la carta di credito?

☐ Grazie. Arrivederla.

☐ Vorrei vedere quella giacca sportiva in vetrina.

Commessa

☐ Buongiorno, desidera?

☐ Quale, quella nera?

☐ Certamente. Lì c'è il camerino. … Va bene?

☐ Che taglia porta?

☐ Viene 115 euro.

☐ Buongiorno, grazie.

☐ Sì, va bene. Conservi lo scontrino.

☐ Le occorre altro?

☐ Sì, un momento … Ecco.

b Ascolta e controlla.

c Con un compagno/una compagna fate delle conversazioni simili. Volete comprare: un maglione, un paio di pantaloni, una giacca, delle scarpe.

13 Regali

 a Completa il dialogo con le parole del riquadro. Poi ascolta e controlla.

mai   gliele   gliel'   appena   già   glieli   ancora   le   mi   gliel'

A Devo andare a fare spese. Vuoi **a** accompagnar- _____?
B Cosa devi comprare?
A Devo trovare un regalo per Lisa.
B Perché non **b** _____ regali una borsa?
A No, **c** _____ ho **d** _____ regalata.
B E allora che ne dici di un anello?
A Non **e** _____ ho **f** _____ regalato, ma mi sembra un po' troppo compromettente.
B E dei fiori?
A No, i fiori **g** _____ ho **h** _____ regalati per il nostro anniversario.
B E delle calze sexy?
A Non **i** _____ ho **j** _____ regalate. Magari … Vediamo …

b Rileggi il dialogo e sostituisci i pronomi combinati **gliel'**/**glieli**/**gliele** con i nomi ai quali si riferiscono.

Gliel'ho già regalata = Ho già regalato <u>la borsa a Lisa</u>.

grammatica

I pronomi combinati

		Pronomi indiretti				
		mi	ti	gli/le	ci	vi	gli
Pronomi diretti	lo	**me lo**	**te lo**	**glielo**	**ce lo**	**ve lo**	**glielo**
	la	**me la**	**te la**	**gliela**	**ce la**	**ve la**	**gliela**
	li	**me li**	**te li**	**glieli**	**ce li**	**ve li**	**glieli**
	le	**me le**	**te le**	**gliele**	**ce le**	**ve le**	**gliele**

14 Non … ancora / appena / già

Non è ancora nato.

È appena nato.

È già nato.

a Rispondi alle domande usando **non … ancora**, **appena**, **già**.

i Hai fatto l'esame?   _____
ii Hai pranzato?   _____
iii Hai pagato la bolletta del telefono? _____
iv Sei stato a Roma?   _____
v Sei andato all'università oggi?   _____

 b Ora rivolgi le stesse domande ad un compagno/una compagna.

Extra!

15 Sandali, tacchi a spillo e gambe nude: che freddo!

 a Leggi l'articolo e rispondi alle domande.

Mi piace e mi diverte la moda, anche se qualche volta trovo che certe proposte siano un po' eccessive, più da passerella che da vita di tutti i giorni. Per esempio, questa faccenda delle calze. *Su Gioia*, che compro sempre, ma anche su altre riviste, vedo moltissime modelle senza calze. Vedo che i sandali si usano molto anche per le sere d'inverno (io ho ancora alla mano quelli acquistati quest'estate, di velluto). Ma questa storia delle calze mi preoccupa. A parte che d'inverno le gambe sono bianchissime, rischiano di diventare blu, per il freddo ... Che non è un problema indifferente. Insomma, questa storia di stare senza calze, è solo un gioco o è davvero un diktat della moda? Ma c'è davvero qualcuno che riesce ad adeguarsi?
Laura Vercelli

Risponde Marina Fausti, vicedirettore moda di *Gioia*.

Cara Laura,
ha proprio ragione. È vero, gli stilisti propongono le gambe nude, anche d'inverno. E c'è chi riesce a seguirli.

Per esempio tutte le giornaliste di moda americane, prima fra tutte Anne Wintour, direttrice di *Vogue America*, che arrivano alle sfilate esibendo magnifiche gambe vellutate, rigorosamente nude, calzate in scarpe coi laccettini o in esili sandaletti. E noi, "modeste" giornaliste italiane, ci sentiamo tanto volgari con le nostre calze. Però le signore d'oltreoceano queste cose se le possono permettere, perché in strada le attendono lussuose limousine riscaldatissime, dalle quali scenderanno solo per entrare in un altro palazzo o in sontuosi hotel. È vero dunque che la moda propone le gambe nude, infatti anche noi nei servizi non usiamo più i collant colorati e pesanti, tanto in voga qualche stagione fa. Ma è anche vero che ben poche donne se le possono permettere. Però ... c'è un rimedio a tutto. Infatti ultimamente le aziende hanno prodotto meravigliosi collant effetto nudo, leggerissimi. Gli stessi che noi usiamo nei servizi fotografici di *Gioia* e gli stessi che potrà indossare lei. Può quindi essere alla moda, cara Laura, senza morire di freddo!

Da: Gioia, 2000

i What is worrying Laura? _____
ii Who adapts easily to fashion? _____
iii What is in and what is out of fashion this year? _____
iv What is the solution given to the reader? _____

 b Rileggi il testo e prova a sostituire le seguenti espressioni con altre senza cambiarne il significato.

i proposte ... da passerella _____
ii in voga _____
iii morire di freddo _____

c E tu segui la moda? Cosa consiglieresti a Laura? Scrivile una lettera.

Grammatica

- **The partitives**

  Words like 'some', 'any', 'a few' express an indefinite quantity and are called *partitives*. Their Italian equivalent is the combination of the preposition **di** + the *definite article*.

  Dobbiamo comprare della pasta.   We have to buy some pasta.

  In Italian the *partitive* is often omitted and is always omitted in negative statements.

  Compra anche pomodori.   Also buy some tomatoes.
  Non c'è pane.   There isn't any bread.

- **Combined pronouns**

  When a verb is accompanied by both a *direct* and an *indirect object pronoun*, in Italian you use these special forms.

		Pronomi indiretti					
		mi	ti	gli/le	ci	vi	gli
Pronomi diretti	lo	**me lo**	**te lo**	**glielo**	**ce lo**	**ve lo**	**glielo**
	la	**me la**	**te la**	**gliela**	**ce la**	**ve la**	**gliela**
	li	**me li**	**te li**	**glieli**	**ce li**	**ve li**	**glieli**
	le	**me le**	**te le**	**gliele**	**ce le**	**ve le**	**gliele**

  The *indirect object pronoun* precedes the *direct object pronoun*.

  Quando mi dirai la verità? Non te la dirò mai.
  When will you tell me the truth? I will never tell (it to) you.

  The *indirect object pronouns* **mi/ti/ci/vi** become **me/te/ce/ve** before the *direct object pronouns* **lo/la/li/le**.

  Me lo puoi comprare?   Can you buy it for me?

  The *indirect object pronouns* **gli/le** become **glie-** before the *direct object pronouns* **lo/la/li/le**. The *combined pronouns* are written as one word.

  Mi dispiace, ma non glielo posso comprare. I am sorry but I cannot buy it for him/her.

  The *combined pronouns* follow the same placement rules as *single pronouns*. They precede a conjugated verb: **Glielo dico.** (I'll tell him that.) They are attached to infinitives, gerunds and to the informal imperatives: **Diciamoglielo.** (Let's tell it to them.) With the modal verbs **dovere/potere/volere**, they either precede the verb or are attached to the infinitive: **Me lo puoi prestare? / Puoi prestarmelo?** (Can you lend it to me?)

  In *compound tenses*, the *past participle* agrees in number and gender with the *direct object pronoun*.

  Ci hai spedito la lettera? Sì, ve l'ho spedita. Have you sent us the letter? Yes, I sent it to you.

Esercizi di grammatica

1 Completa con **del/dello/della/dell'/dei/degli/delle**.

a _del pane_ **b** _____ pasta **c** _____ formaggio **d** _____ acqua **e** _____ vino
f _____ basilico **g** _____ gnocchi **h** _____ latte **i** _____ pomodori
j _____ patate **k** _____ caramelle

2 Correggi gli errori.

    a Un maglione nera e viola.   nero _____
    b Una gonna marrona e bianca.   _____
    c Degli stivali neri e violi.   _____
    d Delle scarpe rose.   _____
    e Un cappello nero e verde.   _____

3 Cerchia il pronome corretto.

    a Sai che incontro spesso Luigi e Pino? Gli / (Li) vedo al bar vicino a casa mia.
    b Cosa regali a Lina? Le / La regalo un libro.
    c Cosa dai ai tuoi bambini a colazione? Gli / Li do sempre uno yogurt con i cereali.
    d Giorgio mente sempre. Non ci / si dice mai la verità.
    e Luisa, ti / le posso chiamare stasera dopo le 8:00?

4 Metti in ordine le frasi. Se necessario, metti l'apostrofo ai pronomi.

    a regalato fiori questi ha splendidi chi ti? Francesco mandati me ieri ha li.
       Chi ti ha regalato questi splendidi fiori? Me li ha mandati Francesco ieri.

    b novità saputo la avete? ha già Mario detta la ce sì.
       _____

    c restituito a Lucia già hai libro il? ridato ho ancora non glielo no.
       _____

    d nonno pacco al porta il chi ? io porto glielo.
       _____

    e detto verità la hai gli? non detta ancora ho gliela.
       _____

5 Rispondi alle domande usando **già/appena/non ancora**.

    a Hai preso le chiavi?   _Le ho già/appena prese./Non le ho ancora prese._
    b Hai innaffiato le piante?   _____
    c Hai stirato le camicie?   _____
    d Hai preparato la colazione?   _____
    e Hai fatto i compiti?   _____
    f Hai restituito il libro?   _____
    g Hai prenotato l'albergo?   _____

Glossario

Esercizio 1

salumeria (f)	delicatessen
macelleria (f)	butcher's shop
fruttivendolo (m)	greengrocer
profumeria (f)	perfume shop
negozio (m) di abbigliamento	clothes shop
negozio (m) di calzature	shoe shop

Esercizio 2

negozio di alimentari	grocery shop
chilo (m)	kilo
mezzo	half
grammi (m pl)	grams
pomodoro (m)	tomato
basilico (m)	basil
panino (m)	sandwich
olive (f pl)	olives
petto (m) di pollo/tacchino	chicken/turkey breast
taglia (f)	size
vetrina (f)	shop window

Esercizio 3

aceto (m)	vinegar
riso (m)	rice
(insalata) caprese (f)	tomato & mozzarella salad
mancare	to miss

Esercizio 5

panna (f)	cream

Esercizio 8

camicetta (f)	blouse
camicia (f)	shirt
gonna (f)	skirt
pantaloni (m pl)	trousers
cappotto (m)	coat
scarpe (f pl) da ginnastica	trainers
gilet (m)	waistcoat
cappello (m)	hat
maglione (m)	sweater
sciarpa (f)	scarf
scarpe (f pl)	shoes
giacca (f)	jacket
calzini (m pl)	socks

Esercizio 9

rosso	red
nero	black
bianco	white
grigio	grey
giallo	yellow
verde	green
marrone	brown
arancione	orange
viola	purple
rosa	pink

Esercizio 12

portare (taglia)	to wear
quale?	which one?
camerino (m)	changing room
scontrino (m)	receipt
occorrere	to need
provare	to try

Esercizio 13

accompagnare	to accompany
regalo (m)	present
regalare	to give a present
borsa (f)	bag
anello (m)	ring
compromettente	compromising
anniversario (m)	anniversary
calze (f pl)	stockings

Extra!

sandali (m pl)	sandals
tacchi (m pl) a spillo	high heels
gambe nude (f pl)	naked legs
moda (f)	fashion
rivista (f)	magazine
adeguarsi	to adapt
sfilata (f)	fashion show
in voga	in fashion
collant (m s)	stockings/tights
effetto nudo (m)	naked effect

Lavoro di coppia

fare le valigie	to pack
bolletta (f)	bill
chiave (f)	key
vicini (m pl)	neighbours
previsioni (f pl) del tempo	weather forecast
fare il bucato	to do the laundry
esigente	demanding
acquisto	purchase, buy
merce venduta (f)	merchandise/goods
guadagno (m)	profit
vendere	to sell

Ancora un po' di pratica

grassi cattivi (m pl)	bad fats
indispensabile	indispensable
friggere	to fry
saporito	tasty
spremitura (f)	pressing
raffinazione (f)	refining
semi (m pl)	seeds

Lavoro di coppia

1 L'hai già fatto?

a Vai in vacanza con un compagno/una compagna. Prima di partire però ci sono molte cose da fare. Completa la lista qui sotto con almeno altre tre cose da non dimenticare. Chiedi al compagno/alla compagna se le ha già fatte.

innaffiare le piante

A Hai già innaffiato le piante?

B Sì, le ho già innaffiate. / No, non le ho ancora innaffiate.

	Sì	No
fare le valigie		
pagare le bollette		
prenotare l'albergo		
cambiare i soldi		
ritirare i biglietti		

b Ora tocca a te rispondere alle domande del compagno/della compagna.

2 Spese pazze

Hai mille euro da spendere e sei un/una cliente molto esigente. Compra tutto ciò che ti piace, ma pensa bene prima di ogni acquisto. In questo negozio, la merce venduta non si cambia!

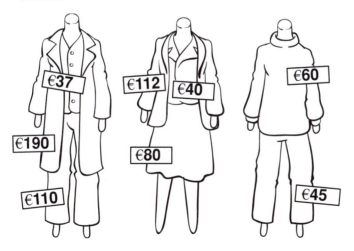

Lavoro di coppia

1 L'hai già fatto?

a Vai in vacanza con un compagno/una compagna. Prima di partire però ci sono molte cose da fare. Rispondi alle domande del compagno/della compagna.

innaffiare le piante

A Hai già innaffiato le piante?

B Sì, le ho già innaffiate. / No, non le ho ancora innaffiate.

b Completa la lista qui sotto con almeno altre tre cose da non dimenticare. Chiedi al compagno/alla compagna se le ha già fatte.

	Sì	No
prenotare il taxi per l'aeroporto		
lasciare le chiavi ai vicini		
comprare la cartina della città		
guardare le previsioni del tempo		
fare il bucato		

2 Clienti difficili

Lavori in un negozio di abbigliamento. Arriva un/una cliente con molti soldi da spendere e gusti difficili. Il tuo guadagno è proporzionale alla merce che riesci a vendere!

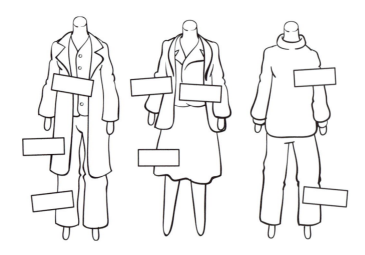

4 Città o campagna?

In this unit you will learn how to make comparisons. You will learn how to talk about town and country living and about travel, including how long it takes to get somewhere. You will also be revising your vocabulary and adding to it.

1 Trasporti

 a Ricordi il vocabolario dei mezzi di trasporto? Guarda le figure e scrivi di quale mezzo si tratta.

i _____   ii _____   iii _____   iv _____

v _____   vi _____   vi _____   vi _____

 b Quale mezzo di trasporto preferisci? Perché? Come vai all'università? Hai una bicicletta/motocicletta/automobile? Parlane con un compagno.

2 Quanto tempo ci vuole?

 a Ascolta e completa.

Lisa   Quanto tempo ci **a** _____ per andare **b** _____ aereo da Roma a Napoli?

Pino   Ci **c** _____ meno di un' ora.

Lisa   E quanto tempo **d** _____ vuole **e** _____ macchina?

Pino   Ci **f** _____ circa due ore e mezzo.

Lisa   E **g** _____ treno?

Pino   Dipende dal tipo di treno. Ci **h** _____ un'ora e mezza con il treno più veloce, l'Eurostar, e ci **i** _____ più di tre ore con il treno più lento, il locale.

 b Secondo te quanto tempo ci vuole per … ?

  i   imparare bene l'italiano
  ii   cucinare un piatto di spaghetti al pomodoro
  iii   fare il giro del mondo
  iv   trovare casa nella tua città
  v   laurearsi
  vi   prendere la patente di guida

 c Confronta le tue risposte con un compagno/una compagna.

grammatica

ci vuole / ci vogliono

Quanto tempo ci vuole?	How long does it take?
Ci vuole una settimana.	**ci vuole** + singular noun
Ci vogliono tre mesi.	**ci vogliono** + plural noun

3 Dove vivere?

a Leggi la lettera. Poi completa la tabella elencando i vantaggi e gli svantaggi di vivere in campagna.

Caro Alessio,

Come stai? È da tanto che non ti fai vivo. Cosa sta succedendo nella tua vita? Nella mia è in atto una vera e propria rivoluzione! Ho deciso di andare a vivere da sola e di ... trasferirmi in campagna! Non ci crederai, ma sono davvero stanca della vita in città. Fino a quando ero all'università mi andava benissimo, ma ora con lo stress del lavoro ho bisogno di una vita meno frenetica. Ho comprato una casa più spaziosa di quella che ho a Milano, c'è anche un bel giardino e tanto spazio verde intorno. Il paesino dove abito dista circa 50 chilometri da Milano. Ma purtroppo a causa del terribile traffico, ci vogliono almeno due ore per arrivare al lavoro. Fare la pendolare è piuttosto stancante, ma mi consola sapere che poi torno in un ambiente più rilassante, più tranquillo e più sano di quello di Milano. Qui mi sento anche più sicura, non devo preoccuparmi continuamente di furti e cose simili. Naturalmente la vita qui è anche molto più noiosa e meno stimolante di quella a Milano. Inoltre la gente ha una mentalità più chiusa e meno flessibile, ma tutto sommato in questo momento della mia vita ho davvero bisogno di un po' di pace e di tempo per me stessa. Qui mi sento felice per ora, poi si vedrà ...

Vieni a trovarmi! Fatti vivo.

Baci
Marta

Vantaggi	Svantaggi

b Rileggi la lettera e traduci le seguenti espressioni in italiano.

i   you will not believe it   _non ci crederai_
ii to commute   _____
iii all in all   _____
iv I really need   _____
v   keep in touch   _____

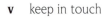

c Ora rileggi la lettera e sottolinea tutti i comparativi che trovi.

4 Fare confronti

a Osserva la regola grammaticale e completa con i comparativi.

i La campagna è _più_ rilassante _della_ città.

ii La città è _____ rilassante _____ campagna.

iii La montagna è _____ rilassante _quanto la_ la campagna.

b Continua e scrivi altre tre frasi confrontando la vita in città e in campagna.

grammatica

<u>Comparativi</u>

più ... di / che   more ... than
meno ... di / che   less ... than, fewer ... than
tanto ... quanto   as ... as, as much as ...

Ha più libri di lui.   She's got more books than he has.
È più rilassante che divertente.   It's more relaxing than amusing.
Mario è meno gentile di Lucia.   Mario is less kind than Lucia.
È meno stressante che interessante.   It's less stressing than interesting.
Mi piace tanto Londra quanto Parigi. I like London as much as Paris.

Vedi Grammatica p. 44 per l'uso di **di** o **che**.

5 Preferenze

a Immagina di essere Alessio e rispondi alla lettera di Marta, spiegandole dove preferisci vivere e motivando la tua scelta.

b Ora parla della tua scelta con un compagno/una compagna e scopri se è d'accordo.

c Fa' un sondaggio in classe e scopri le preferenze dei tuoi compagni. Usa la scheda qui sotto.

Nome	Abita in	☺	☹	Perché

4 Città o campagna?

6 Città

a Ascolta e completa la scheda.

Nome	Città preferita	Perché?

b Completa con **più** o con **meno**.

  i Napoli è la città _____ vivace d'Italia.

  ii Roma è quella _____ grande.

  iii Venezia è la _____ romantica e Perugia la _____ stressante d'Italia.

c Com'è la tua città? Parlane con un compagno/una compagna.

d E com'è invece la tua città ideale? Elenca almeno cinque caratteristiche. Poi parlane con un compagno/una compagna.

  Prima di tutto deve essere ...

grammatica

<u>Superlativi</u>

il/la/i/le più ... di   the most ... of/in
il/la/i/le meno ... di   the least ... of/in

La mia città è la più ricca, ma la meno turistica d'Italia.
My town is the richest but the least touristic in Italy.

7 Conosci Palermo?

a Riordina il dialogo.

A ☐ Sai che sono stato a Palermo la settimana scorsa?

B ☐ Hai noleggiato una macchina?

A ☐ Sì, ma ho preso la patente da poco e non mi sento molto sicuro ...

B ☐ Per lavoro?

A ☐ No, già non so guidare qui, figuriamoci a Palermo ...

B ☐ Non ci sono mai stata.

A ☐ No, in vacanza. Conosci Palermo?

B ☐ Non sai guidare?

A ☐ È davvero una città interessantissima. Ho conosciuto anche delle persone splendide. I palermitani sono molto ospitali e simpatici. Il traffico però è un disastro.

b Ascolta e controlla.

c Rileggi il dialogo e nota l'uso di **sapere** e **conoscere**. Con un compagno/una compagna trova la regola e cerchia la parola corretta.

sapere + nome / infinito

conoscere + nome / infinito

d Scrivi tre frasi con il verbo **sapere** e tre con **conoscere**.

8 Conosci l'Italia?

In gruppo, scoprite chi la conosce meglio rispondendo alle domande che seguono. Poi controllate le risposte in fondo alla pagina.

Sai ...

i in quante regioni è divisa?

☐ 15   ☐ 20   ☐ 22

ii qual è la regione più grande?

☐ Sicilia   ☐ Lombardia   ☐ Toscana

iii qual è la regione più piccola?

☐ Basilicata   ☐ Molise   ☐ Valle d'Aosta

iv qual è la capitale?

☐ Milano   ☐ Roma   ☐ Firenze

v quanti abitanti ha?

☐ 45 milioni   ☐ 58 milioni   ☐ 70 milioni

i 20 **ii** Sicilia **iii** Valle d'Aosta **iv** Roma **v** 58 milioni

9 Non ho potuto nemmeno chiamarti!

a Leggi l'e-mail e rispondi come se fossi Mario.

> A: Mario.Crispi@libero.it
> CC:
> Oggetto: A presto!
>
> Caro Mario,
> non ci crederai, ma ieri sono stato nella tua città e non ho potuto nemmeno
> chiamarti! Sono dovuto venire per una riunione importante e ho dovuto lavorare
> ininterrottamente fino a quando sono dovuto ripartire. Ho voluto approfittare
> dell'occasione per incontrare tutti i colleghi che conoscevo solo tramite posta
> elettronica o telefono. Ancona mi è sembrata una città interessante, spero di poterci
> tornare presto. Ti prometto che la prossima volta ti chiamo, così ci organizziamo per
> poterci incontrare.
> Saluti
> Alberto

b Qualche mese dopo, Alberto ritorna ad Ancona e, come promesso, chiama Mario. Con un compagno/una compagna immaginate la telefonata tra i due amici.

c Rileggi la lettera, sottolinea i verbi **volere**, **potere**, **dovere** al passato e con l'aiuto di un compagno/una compagna cerca di scoprire qual è la regola dell'ausiliare.

Lucca

dovere, volere, potere

Il passato prossimo dei verbi modali si forma con **essere** o con **avere**. La scelta dell'ausiliare dipende dall'infinito che segue.

Sono potuto <u>uscire</u> con i miei amici.	**uscire** forma il passato con **essere**
Non ho potuto <u>fare</u> i compiti.	**fare** forma il passato con **avere**
Non ho voluto <u>telefonarle</u>.	**telefonare** forma il passato con **avere**

Extra!

10 Viaggiare

a Ascolta e scrivi i vantaggi e gli svantaggi per ciascun mezzo di trasporto.

Mezzo di trasporto	Vantaggi	Svantaggi

b Discuti con un compagno/una compagna e metti a confronto i vari mezzi di trasporto, spiegando quale preferisci e perché.

A *Viaggiare in macchina è più stressante che viaggiare in treno ed è anche meno costoso.*

B *Ma spostarsi in macchina è più comodo.*

11 In Italia

Leggi il testo e riassumi il contenuto in inglese per un amico che non capisce l'italiano e vuole viaggiare in Italia senza spendere troppo.

Volare Airlines – La nuova compagnia low cost italiana

Febbraio 2003: dal gruppo Volare Group nasce Volareweb.com, il nuovo marchio Volare Airlines, il primo made in Italy, caratterizzato dai principi delle low cost europee, ma con qualche cosa in più: l'italianità, cioè quel valore aggiunto di comfort, servizi, efficienza del personale e altissima affidabilità degli aerei.

Attraverso il sito Internet, 24 ore su 24, 7 giorni su 7, presso il Call Center, le biglietterie Volareweb.com o le agenzie di viaggio è possibile acquistare i nostri voli nazionali e verso le più importanti destinazioni europee, a tariffe imbattibili.

Potrai usufruire inoltre di servizi a prezzi vantaggiosi, prenotazioni di alberghi, di servizi taxi, noleggio di auto, acquisto di biglietti per spettacoli che ti permetteranno di organizzare autonomamente il tuo viaggio, con lo scopo di farti risparmiare soldi e tempo!

Ti chiederai come fa una tradizionale compagnia aerea stabile e fidata, con una lunga storia alle spalle ad iniziare a vendere voli a così basso prezzo?! È solo un altro modo di pensare e organizzare il lavoro, con una vera attenzione per i costi, l'efficienza e per l'eliminazione degli sprechi. Elementi che sono già propri di Volare Group. Di seguito alcune delucidazioni.

Dopo aver acquistato on line basta recarsi ai banchi check-in con un documento di identità valido; l'assegnazione dei posti non è predefinita, ma avviene al momento dell'imbarco.

Voliamo da scali periferici italiani ed europei, effettuiamo solo voli diretti, e riduciamo al minimo i tempi morti tra un atterraggio e il successivo decollo, aspetti che ci permettono di abbattere notevolmente i costi.

Tutte le bevande e gli snack in volo sono a pagamento. Disponiamo di un'unica configurazione di flotta, riducendo così le spese per la formazione degli equipaggi e dei tecnici: modernissimi e coloratissimi aeromobili Airbus 320.

Cosa aspetti a lanciarti nel mondo di Volareweb.com!

(Dal sito web: *VolareWeb.com*)

4 Città o campagna?

Grammatica

- **The comparative**

  To form the comparative in Italian you use: **più/meno** + adjective + **di ...**

  Roma è più grande di Napoli.   Rome is bigger than Naples.
  Luca è meno alto di te.   Luca is less tall than you.

  Che is used instead of **di** when the comparison is between
  - two verbs   **Viaggiare in treno è più rilassante che guidare.**
  - two adjectives   **La mia casa è meno spaziosa che accogliente.**
  - two adverbs   **Lavora più velocemente che accuratamente.**

  Che is also used before nouns or pronouns preceded by prepositions.
  Mangiare a casa è più salutare ed economico che al ristorante.
  Eating at home is healthier and cheaper than eating out.

- **The superlative**

  There are two types of superlative: relative and absolute. The relative superlative expresses a quality that is the maximum or minimum compared to a group or an entire category. It is formed by using the definite article + the comparative.

  Milano è la città più ricca d'Italia.   Milan is the richest town in Italy.

  The absolute superlative is used to express the highest possible degree of a given quality. It is formed by adding **-issimo** to the root of the adjective or by placing **molto** 'very' in front of the adjective.

  Roma è bellissima/molto bella.   Rome is very beautiful.

  In modern Italian, you can also form the absolute superlative with one of these prefixes:
  arci-, stra-, iper-, ultra-, super-, mega-.

  Quell'attore è <u>arci</u>noto.   That actor is extremely well known.

- **Irregular comparatives and superlatives** (See Grammatica p. 152 for more on this.)

  A few adjectives have two forms, the regular one with **più** and an irregular one.

  Questa salsa è più buona/migliore.   This sauce is better.
  Questo caffé è buonissimo/ottimo.   This coffee is excellent.

- **Conoscere and sapere**

  Conoscere and **sapere** both correspond to the English 'to know'. However **conoscere** is only used in conjunction with a noun (person, place). **Sapere** is followed by an infinitive or a whole sentence. It can mean 'to be able to'.
  - **conoscere** + noun   **Conosci Valeria? Conoscete Firenze?**
  - **sapere** + infinitive   **Sai nuotare? Sapete cucinare?**
  - **sapere** + sentence   **Sai chi viene a cena? Sapete come si usa questo arnese?**

  Dovere, **volere** and **potere** (See Grammatica p. 42.)

Esercizi di grammatica

1 Trasforma le frasi mantenendo lo stesso significato.

a Il treno è più veloce dell'autobus.

L'autobus è meno veloce del treno. L'autobus è più lento del treno.

b Roma è più grande di Napoli.

_____

c Imparare l'italiano è più facile che imparare il giapponese.

_____

d Vivere a Londra è più costoso che vivere a Roma.

_____

e Francesco è più alto di Ugo.

_____

2 Completa le frasi con **di** o **che**.

a Lucia è più simpatica ____di____ Maria.

b Questa città è più interessante _____ bella.

c Lavorare è più stressante _____ studiare.

d Mia sorella è più alta _____ me.

e Andare in vacanza in montagna è più rilassante _____ andare al mare.

3 Completa con **conoscere** o **sapere**.

a Non ___so___ se vengo a Londra.

b _____ che Giorgio e Maria si sono sposati l'anno scorso?

c Non _____ Milano, ma spero di andarci presto.

d I miei genitori _____ bene tua zia Luisa.

e Marco _____ sciare benissimo.

4 Trasforma le frasi al passato prossimo.

a Devo studiare molto.   _Ho dovuto studiare molto._

b Voglio andare in Italia.   _____

c Posso andare in vacanza.   _____

d Devo bere molta acqua.   _____

e Voglio mangiare una pizza.   _____

Glossario

Esercizio 2

ci vuole/ci vogliono	it takes
veloce	fast
lento	slow

Esercizio 3

trasferirsi	to move
frenetico	hectic
spazioso	spacious
fare il/la pendolare	to commute
stancante	tiring
furto (*m*)	theft

Esercizio 7

ospitale	hospitable
noleggiare	to hire
guidare	to drive
patente (*f*)	driving licence

Esercizio 9

riunione (*f*)	meeting

Esercizio 11

affidabilità (*f*)	reliability
sito internet (*m*)	web site
acquistare	to buy
tariffa (*f*)	fare
imbattibile	unbeatable
spettacolo (*m*)	performance
risparmiare	to save
efficienza (*f*)	efficiency
eliminazione (*f*)	removal
spreco (*m*)	waste
imbarco (*m*)	boarding
atterraggio (*m*)	landing
decollo (*m*)	take-off
abbattere i costi	to reduce costs

Lavoro di coppia

specialità gastronomica (*f*)	gastronomic speciality
escursione (*f*)	trip

Ancora un po' di pratica

quotidiano (*m*)	daily newspaper
rivincita (*f*)	revenge
tenore (*m*) di vita	standard of living
ambiente (*m*)	habitat
totalizzare	to score
impianto sportivo (*m*)	sports facility
capoluogo (*m*)	regional capital
vertice (*m*)	top
reddito (*m*)	income

sindaco (*m*)	mayor
riconoscimento (*m*)	recognition
orgoglio (*m*)	pride
brusco	brusque
impegnarsi	to commit oneself
spinta (*f*)	boost
carenza (*f*)	lack
investire	to invest

le Dolomiti

Lavoro di coppia

1 Informazioni turistiche

a Compila la scheda su Napoli facendo domande appropriate al compagno/alla compagna.

Quanti abitanti ha Napoli?

Abitanti: _____

Regione: _____

Trasporti aeroporto – centro: _____

Museo principale: _____

Specialità gastronomiche: _____

Escursioni: _____

b Ora rispondi alle domande del compagno/della compagna su Bologna, usando queste informazioni.

Abitanti: 404.000
Regione: Emilia Romagna
Trasporti aeroporto – centro: pullman ogni 15 minuti
Chiese / monumenti: Basilica di San Luca, Torre degli Asinelli, Fontana di Nettuno
Mercati da non perdere: mercato delle Erbe, via Ugo Bassi
Escursioni: Parma

2 Le nostre città

a Completa la scheda con le informazioni sulla tua città. Poi chiedi al compagno/alla compagna informazioni sulla sua città facendo domande appropriate.

	io	compagno/compagna
Città		
Popolazione		
Principale attività economica		
Temperatura media invernale/estiva		
Aeroporto più vicino		

b Ora tocca a te rispondere alle domande del compagno/della compagna.

c Confronta la tua città con quella del compagno/della compagna. Qual è la città …

più calda d'estate?   più densamente popolata?
più fredda d'inverno?   più vicina ad un aeroporto?

Lavoro di coppia

1 Informazioni turistiche

a Rispondi alle domande del compagno/della compagna su Napoli.

Abitanti: 1.067.000
Regione: Campania
Trasporti aeroporto – centro: autobus ogni 15 minuti.
Museo principale: Museo Archeologico Nazionale
Specialità gastronomiche: pizza, sfogliatelle (Neapolitan pastries filled with ricotta)
Escursioni: scavi di Pompei, costiera amalfitana, isola di Capri.

b Ora compila la scheda su Bologna facendo domande appropriate al compagno/alla compagna.

Quanti abitanti ha Bologna?

Abitanti: _____

Regione: _____

Trasporti aeroporto – centro: _____

Chiese / monumenti: _____

Mercati da non perdere: _____

Escursioni: _____

2 Le nostre città

a Completa la scheda con le informazioni sulla tua città. Poi chiedi al compagno/alla compagna informazioni sulla sua città facendo domande appropriate.

	io	compagno/compagna
Città		
Popolazione		
Principale attività economica		
Temperatura media invernale/estiva		
Aeroporto più vicino		

b Ora tocca a te rispondere alle domande del compagno/della compagna.

c Confronta la tua città con quella del compagno/della compagna. Qual è la città …

più calda d'estate?   più densamente popolata?
più fredda d'inverno?   più vicina ad un aeroporto?

5 Quando ero bambina

In this unit you will learn how to talk about the way things used to be, make comparisons with the present day and work intensively on your reading skills.

1 Ti ricordi ...?

 **a** Leggi queste parole che Giovanna e Sandro useranno nel dialogo dell'esercizio 1c. Dividile in tre categorie secondo le istruzioni della tabella.

simpatica	al largo	remare	sognare	foruncoli
coda	scienze	cattiva	saccente	innamoratissimo
abbronzata	invidiare	rendersi conto	copiare	modella
lenti a contatto	grassa	pinne	peso	occhiali
schiena	maschera	barca	immersione	sollevare

Parole che conosco	Parole che non conosco	Parole che penso di conoscere

 b Ora confronta la tua tabella con quella di un compagno/una compagna e trovate il significato delle parole che non conoscete con l'uso del dizionario o con l'aiuto del glossario alla fine dell'unità.

c Ascolta la conversazione tra Giovanna e Sandro e decidi se le affermazioni sono vere o false.

Giovanna

Sandro

	VERO	FALSO
i Sandro e Giovanna non si vedono da dieci anni.	☐	☐
ii Sandro non è cambiato molto.	☐	☐
iii Giovanna aveva i capelli corti e molti foruncoli.	☐	☐
iv Giovanna passava le vacanze al mare.	☐	☐
v Sandro durante le vacanze non le scriveva mai.	☐	☐
vi Maria Grazia era molto simpatica a Giovanna.	☐	☐

2 Giovanna racconta

 a Ora leggi una parte di quello che ha raccontato Giovanna e completa gli spazi con queste parole.

mi piaceva	avevo	avevano	si preoccupava	passavamo	remavamo
venivano	facevano	mi divertivo	andavo	eravamo	rientravamo

Giovanna: "Ti ricordi, io in estate **a** _____ al mare per tutti e tre i mesi delle vacanze e **b** _____ moltissimo. **c** _____ un sacco di amici che **d** _____ al mare lì ogni anno da tutta Italia, ormai **e** _____ quasi una famiglia. **f** _____ molto tempo insieme, i miei genitori **g** _____ una barca e noi **h** _____ fino al largo. **i** _____ moltissimo usare la maschera e le pinne ed alcuni di noi, i più coraggiosi, **j** _____ delle vere e proprie immersioni. Mia madre **k** _____ sempre, soprattutto quando **l** _____ molto tardi."

 b Ora ascolta di nuovo la conversazione e controlla.

3 L'imperfetto

a Completa la tabella dei verbi all'imperfetto con le forme mancanti. Se ti serve aiuto, consulta la Grammatica a p. 58.

	andare	avere	venire	essere
io			venivo	
tu	andavi			eri
lui/lei/Lei	andava			
noi			venivamo	eravamo
voi		avevate		eravate
loro				erano

grammatica

L'imperfetto

In italiano si usa l'imperfetto per parlare di abitudini nel passato e per descrivere come erano nel passato le persone e le cose.

Tutti gli anni andavo in vacanza al mare.
Every year we <u>went/used to go</u> to the seaside.
Maria in passato era grassa, ma oggi fa la modella.
In the past Mary <u>was/used to be</u> fat, but today she is a model.

b Ora lavorate in gruppi di tre: immaginate la continuazione del dialogo 1c quando Maria Grazia finalmente arriva all'appuntamento con Sandro. Com'è Maria Grazia? Che cosa dicono Giovanna, Sandro e Maria Grazia rispettivamente? Mettete in scena il dialogo.

4 E tu, com'eri?

Com'eri all'età di 13/14 anni? Descrivi te stesso/a ad un compagno/una compagna seguendo questi spunti.

aspetto fisico
carattere
vacanze
infatuazioni
hobby e passatempi

5 Com'era bella la mia città!

 a Leggi le frasi usate da Emiliano, Adriana e Odilla per descrivere le rispettive città natali nell'esercizio 5b. Puoi indovinare a quale città si riferisce ciascuna?

i … per quanto riguarda l'architettura, be', questa è la cosiddetta 'città eterna'!

ii … oggi invece X è molto sporca, con grossi problemi di mafia e di 'ndrangheta, con un alto tasso di disoccupazione …

iii … è una città d'autore, con palazzi in stile classico, quasi tutti disegnati da Andrea Palladio …

iv … intorno alla città c'erano frutteti di agrumi, che ora non ci sono più …

v … l'Eur è stato costruito in epoca fascista come zona residenziale, con grandi vie, anche se allora non c'era traffico …

vi … quando ero bambina, X era un'amena e tranquilla cittadina sul mare dell'Italia meridionale …

vii … una volta non c'erano stranieri, oggi invece ce ne sono moltissimi che lavorano nelle numerosissime industrie medio-piccole della zona.

Roma: *i*,_____
Reggio Calabria: _____
Vicenza: _____

 b Ora ascolta che cosa hanno detto Emiliano, Adriana e Odilla, e controlla se hai indovinato. Poi ascolta ancora una volta e compila la tabella con le differenze tra il passato e oggi.

	Roma	Reggio Calabria	Vicenza
trasporti			
architettura			
la gente			
il lavoro			
il verde			

grammatica

C'era / C'erano

C'era un teatro all'angolo.   There was a theatre on the corner.
C'erano molti tram.   There were a lot of trams.

C'era + singular noun.   **C'erano** + plural noun

6 Com'era prima?

a Osserva le due foto e leggi le informazioni. Poi scrivi alcune frasi su come è cambiato questo posto.

Prima non c'erano automobili.
Ora c'è una strada a doppia carreggiata.

Highgate Archway, 1822
vista dal lato sud. Notare il gregge di pecore e il bestiame che scende lungo Archway Road, l'illuminazione e le carrozze tirate dai cavalli, il fumo che esce dai camini della fabbrica a destra in alto. Non c'è una vera e propria demarcazione fra campagna e città.

Archway Road, 2003
I lati della strada sono stati rinforzati da mura di cemento. C'è molto traffico su una strada a doppia carreggiata. La campagna è scomparsa, però è ancora possibile riconoscere il posto.

b Ora racconta a un compagno/una compagna com'era una volta e com'è oggi una città che conosci bene.

7 SPQR (Senatus Populusque Romanus)

a Lavorate in gruppi di tre e scrivete tutto quello che sapete sull'antica Roma e sui romani. Aiutatevi con le parole nel riquadro.

Nerone era un imperatore crudele.

fondare
    i gemelli Romolo e Remo
      la leggenda
      la Lupa
      allattare

allattare
    il fiume Tevere
    i colli Reatini
    la repubblica
    i patrizi

i plebei
    spedizioni militari
    il gladiatore
    lo schiavo

l'anfiteatro
    il Colosseo
    il prigioniero
    i giochi circensi
    i legionari

Giulio Cesare
    la congiura
    Nerone
    l'imperatore

b Ora leggi i brani sugli antichi romani alle pagine 55 e 56 e rispondi alle domande.

i In che cosa si differenziavano i patrizi dai plebei?

_____

ii Chi era il patrono?

_____

iii Quanti nomi aveva un cittadino romano e da dove derivavano?

_____

iv Perché era un problema andare alle terme?

_____

v Qual era il pasto più importante per i Romani?

_____

vi Secondo l'etichetta di allora, cosa doveva fare l'invitato per mostrare di gradire la cena?

_____

c Sei invitata/o ad assistere a un seminario sull'antica Roma e il tuo amico Paul, che non ha avuto il tempo di leggere il brano qui a fronte, ti chiede di dargli qualche informazione di base. Fa' un riassunto di 4 o 6 paragrafi.

LA SOCIETÀ NELL'EPOCA REPUBBLICANA

La popolazione romana era divisa in due gruppi: i *patrizi* e i *plebei*. I patrizi erano i discendenti delle famiglie più antiche e potenti, possedevano molte terre. I plebei, invece, erano per lo più artigiani o contadini che lavoravano le terre dei patrizi. Questi ultimi esercitavano il potere politico; i plebei, al contrario, non potevano partecipare al governo. Le due comunità erano nettamente distinte: i patrizi si sposavano tra di loro e facevano affari solo fra di loro. I plebei potevano accorciare le distanze che li dividevano dai patrizi soltanto in un modo: facendosi *clienti* (= obbedienti) di qualche famiglia patrizia.

Essi offrivano i loro servigi e in cambio ricevevano protezione dal capo della famiglia patrizia, che diveniva il loro patrono.

Ogni Romano aveva il nome della gens alla quale apparteneva (*nomen*): gli appartenenti alla stirpe *Claudia* si chiamavano tutti Claudio. Al nomen si anteponeva il nome personale (*praenomen*) e infine si aggiungeva il soprannome (*cognomen*). Il cognomen, molte volte, prendeva origine da un particolare fisico della persona o dal luogo di origine della sua stirpe. Così ogni romano aveva tre nomi.

UNA GIORNATA A ROMA

A Roma le botteghe degli artigiani aprivano presto. Anche i commercianti, aperti i battenti delle botteghe, mettevano di buon mattino in mostra la mercanzia. Ma che chiasso, che folla per le strade!

I carri giravano per le strette curve delle strade facendo un chiasso tremendo.

Intanto i ragazzi andavano a scuola. Vi stavano tutta la giornata, tranne un breve ritorno a casa per il pranzo.

A mezzogiorno i romani tornavano a casa per mangiare. Poi uscivano, di solito per recarsi alle terme, unico luogo dove ci si incontrava in una città con più di un milione di abitanti. La distanza dalle terme era un problema e bisognava coprirla soltanto a piedi, perché carrozze ed altri mezzi di trasporto non potevano circolare. Quando le terme chiudevano, era ormai il tramonto e il pubblico ritornava a casa per la cena.

Con la cena si concludeva la giornata del romano.

IL CIBO

I romani attribuivano alla tavola e alla gastronomia una grande importanza. Era una conseguenza delle conquiste che avevano procurato ricchezza. I pranzi erano veri e propri riti mondani dell'epoca, avvenivano di sera, erano cioè *cenae*, mentre a mezzogiorno, i romani si accontentavano di uno spuntino veloce.

Si cominciava con gli antipasti, piatti stuzzicanti e con cui si beveva *musulm*, vino misto a miele; si continuava poi con la cena vera e propria, con molte portate e vino annacquato, e si finiva con il dessert, a base di cibi piccanti per stimolare la sete. I brindisi si sprecavano.

Purtroppo i romani, che erano grandi produttori di vino, lo bevevano caldo e annacquato oltre che mescolato con miele e altre sostanze. Amavano le pietanze 'fantasia': carni elaborate, selvaggina ripiena di altra selvaggina, salse a sorpresa. E poi funghi e pesce trattato con salse a base di frutta spappolata.

Come i gusti, anche l'etichetta era diversa da quella dei nostri giorni: era un buon gradimento, per il pasto offerto dall'ospite, mangiare fino a scoppiare, anzi a vomitare, per poi poter ricominciare daccapo.

(Dal sito web: www.mclink.it/n/citrag/roma/doc/civil/cv)

Colosseo, Roma

8 L'infanzia di Antonella

a Leggi i ricordi d'infanzia di Antonella Clerici, presentatrice e animatrice del programma televisivo 'Prova del cuoco' di Rai uno. Poi completa gli spazi con l'imperfetto dei verbi tra parentesi.

La mia infanzia è legata alla casa dei miei nonni. Mia madre si è sposata molto giovane, e come tutte le ragazze **a** _____ (andare) spesso dai suoi genitori. Ricordo con nostalgia la casa. **b** _____ (essere) molto bella, grande. Solo la cucina **c** _____ (essere) più di 50 metri quadri! C'**d** _____ (essere) spazi immensi, come quelli di una volta. Al primo piano l'ingresso, il salone e una specie di grande guardaroba. Poi si **e** _____ (salire) una scalinata di marmo che **f** _____ (portare) a un disimpegno, impensabile oggi, dove si **g** _____ (trovare) semplicemente un grande specchio. Da qui si **h** _____ (entrare) nella zona notte o in cucina, e in un secondo salone di cento metri quadri. Per una bambina **i** _____ (essere) straordinario ... **j** _____ (andare) in giro per la casa con il triciclo! E poi c'**k** _____ (essere) un bellissimo giardino con un dondolo e un roseto, giardino dove **l** _____ (correre) i cani lupo con cui sono cresciuta.

b Ora leggi la continuazione del brano e rispondi alle domande.

La mia infanzia è decisamente legata al verde, alla casa all'aperto e a un albero in particolare. Lo vedevo dalla finestra della mia stanza. Si trovava nel cortile dove giocavo. Allora, non avevamo tutte le cose di adesso, tipo i cellulari ... c'era il telefono a filo solo in salotto. Tutti i miei disturbi adolescenziali li collego a quell'albero. Lo guardavo appoggiata al davanzale. La cucina era il luogo dove studiavo. Mi piaceva vedere mia mamma trafficare con i fornelli. Alle quattro del pomeriggio interrompevo perché c'era un telefilm su Raidue. Mi concedevo un'oretta di ricreazione, dopo di che riprendevo a studiare fino alle otto di sera, sempre in cucina.

Il cibo per me era così importante! Mi ricordo quando andavo in gita con la scuola: a un certo punto dovevo per forza mangiare un panino, o qualsiasi altra cosa, altrimenti diventavo 'cattiva'. Anche gli avvenimenti più importanti della mia vita sono legati alla tavola e a quella cucina: lì, parlavo dei miei fidanzati, dei miei problemi amorosi, lì, facevo le mie confidenze a mia madre ...

(Da: Antonella Clerici *Famiglia Cristiana*, no.16, 18 aprile 2004)

i Che cosa rappresentava l'albero del cortile per Antonella?

ii Che cosa le piaceva fare in cucina e perché?

iii Che cosa succedeva se non mangiava qualcosa quando le veniva fame?

iv Che altro faceva in cucina?

c In base a quello che hai letto qui sopra, secondo te che tipo di adolescente era Antonella?

Grammatica

● **Imperfetto**

Uses There are three main uses of the *imperfect tense*:

• to indicate habitual or repeated happenings in the past, i.e. what used to happen.

Quando ero bambina, andavo a sciare tutte le domeniche perché abitavo nelle Dolomiti.

When I was little, I used to go skiing every Sunday because I lived (= used to live) in the Dolomites.

• to describe a situation in the past.

All'inizio del secolo scorso, soltanto una piccola parte di italiani parlava la lingua italiana, mentre la maggior parte parlava uno dei tanti dialetti locali. C'erano molte zone povere e molti emigravano.

At the beginning of the last century, only a small percentage of Italians spoke the Italian language, while the majority spoke one of the many local dialects. There were many poor areas and many people had to emigrate.

• to say what was happening at a particular point in time. In this case the imperfect indicates what was going on at that point in time and the *passato prossimo* indicates what then (suddenly) happened.

Barbara leggeva il giornale e Massimo guardava la televisione quando qualcuno ha bussato alla porta.

Barbara was reading the newspaper and Massimo was watching television when someone knocked on the door.

See Grammatica p. 70 for more explanations on the different uses of the *passato prossimo* and the *imperfetto*.

Formation The tense is formed with the verb stem + the imperfect tense endings for each verb conjugation: **-avo** / **-evo** / **-ivo** etc.

parlare	prendere	partire
parl-	prend-	part-
parlavo	prendevo	partivo
parlavi	prendevi	partivi
parlava	prendeva	partiva
parlavamo	prendevamo	partivamo
parlavate	prendevate	partivate
parlavano	prendevano	partivano

The only verb with completely irregular form is **essere**: **ero eri era eravamo eravate erano**. Note also: **bere** → **bevevo**, **dire** → **dicevo**, **fare** → **facevo**.

Esercizi di grammatica

1 Completa le frasi secondo l'esempio.

a Prima Anna **andava** (andare) regolarmente al cinema. Adesso **va** (andare) spesso a teatro.

b Prima Giorgio _____ (bere) un litro di vino al giorno. Adesso _____ (essere) astemio.

c Da ragazzine, le mie amiche ed io _____ (divertirsi) nel cortile di casa e _____ (arrampicarsi) sugli alberi. Ora non _____ (avere) tempo di fare niente.

d Prima _____ (essere/voi) in ottima forma e _____ (fare) molto sport. Oggi _____ (essere) pigri e _____ (andare) in giro soltanto in macchina.

e Da piccolo, Didine _____ (dire) molte bugie. Oggi _____ (dire) sempre la verità.

2 Completa le frasi usando i verbi nel riquadro.

> volevo   visitavano   mangiavamo   ero   abitavo   mi piaceva   studiava   correvamo   chiacchieravamo   erano   andavano   mi divertivo   viaggiavano   preparavamo   abitavi   aprivamo   ~~andavo~~

a Quando **andavo** in vacanza con le mie cugine, _____ moltissimo. Insieme _____ per i prati fino a sera e poi _____ grandi piatti di minestrone.

b Da piccola _____ molto timida. Pensa che non _____ nemmeno andare da sola in edicola a comprarmi i fumetti!

c I miei genitori quando _____ giovani, _____ moltissimo. _____ in campeggio e poi _____ molti paesi stranieri sempre in macchina.

d Lo scorso settembre sono stata a Le Luc in Provenza a casa di una carissima amica francese. Tutte le sere _____ una buona cena, _____ una bottiglia di buon vino e _____ fino a tardi.

e "Marco, dove _____ nel 1999?" "_____ a Venezia vicino all'università della Ca' Foscari."

f "Lei, signor Ferri, _____ molto a scuola?" "No, non _____ per niente passare il mio tempo sui libri."

3 Completa con **c'è/c'era**, **ci sono/c'erano**.

a Vent'anni fa **c'era** un mercato di frutta e verdura, ora **c'è** un parcheggio.

b Oggi _____ un grande centro commerciale in centro città, mentre un decennio fa _____ molti negozi.

c Dove oggi _____ la biblioteca, qualche anno fa _____ un bellissimo giardino.

d _____ una volta un falegname di nome Geppetto …

Glossario

Esercizio 1

foruncolo (m)	spot
sollevare	to lift up
essere acqua passata	to be ancient history
saccente	know-all

Esercizio 2

remare	to row (a boat)
maschera (f)	mask
pinna (f)	flipper

Esercizio 5

scavo	excavation
abbellire	to make beautiful
allargarsi	to extend
riprendere	to start again
ameno/a	pleasant
benessere (m)	wealth, well-being
peggiorare	to get worse
edilizia (f)	building industry
edilizio	building (adj)
frutteto (m)	orchard
disponibile	available
zona pedonale	pedestrianised area
dintorni (m pl)	surroundings
concerie (f pl)	tanneries
oreficeria (f)	goldsmith's
licenziamento (m)	dismissal, sacking

Esercizio 7

gemello (m)	twin
lupa (f)	she-wolf
allattare	to suckle
colle (m)	hill
patrizio (m)	patrician
plebeo (m)	plebeian
schiavo (m)	slave
legionario (m)	legionnaire
congiura (f)	plot, conspiracy
terme (fpl)	roman baths
pasto (m)	meal
gradire	enjoy
discendente (m/f)	descendant
potente	powerful
contadino (m)	peasant
affari (mpl)	business
accorciare	to shorten
servigio (m)	service
appartenere	to belong
stirpe (f)	family
anteporre	to place before
bottega (f)	workshop
commerciante (m/f)	shopkeeper

battente (m)	door
mercanzia (f)	merchandise
chiasso (m)	noise, din
carro (m)	cart
stretto/a	narrow
tranne	except for
recarsi	to go
carrozza (f)	carriage
tramonto (m)	sunset
spuntino (m)	snack
stuzzicante	appetizing
miele (m)	honey
annacquato/a	watered down
piccante	spicy, hot
brindisi (m s)	toast
pietanza (f)	course, dish
selvaggina (f)	game
gusto (m)	taste
ospite (m/f)	host, guest
scoppiare	to blow up

Extra!

legato/a	linked
guardaroba (m)	wardrobe
scalinata (f)	staircase
marmo (m)	marble
dondolo (m)	swing
roseto (m)	rose garden
cane lupo (m)	German shepherd dog
cortile (m)	courtyard
cellulare (m)	mobile phone
collegare	to associate
appoggiarsi a	to lean onto
davanzale (m)	windowsill
fornello (m)	burner
cattivo/a	bad, mischievous
erba (f)	grass
prato (m)	lawn
respirare	to breathe
fischiare	to whistle
catrame (m)	tar
squadra (f)	team

Esercizi di grammatica

astemio/a	teetotal
arrampicarsi	to climb
pigro/a	lazy
fumetti (mpl)	comics

(See Appendix, page 189)

Lavoro di coppia

1 Che bella vita quando ero bambino!

a Leggi la lista qui sotto e preparati a fare domande sull'infanzia del compagno/della compagna, come negli esempi.

   i   vacanza (andare)
   ii sport (fare)
   iii famiglia (andare d'accordo)
   iv descrizione della città (essere)
   v materie preferite (studiare, piacere)
   vi passatempi (fare ecc)
   vii cibo preferito (mangiare, piacere)

Come ...?
Che cosa ...?
Con chi ...?
Dove ...?
Quando ...?
Perché ...?

Dove andavi in vacanza?
Con chi andavi in vacanza?
Quando andavi in vacanza?

b Ora rispondi alle domande del compagno/della compagna.

2 Via Roma

Guarda il disegno di via Roma negli anni 70 e decidi dove mettere le altre cose elencate qui sotto. Poi lavora con un compagno/una compagna che ha il disegno di via Roma com'è oggi. Descrivi com'era la via nel passato e poi chiedi al compagno/alla compagna com'è la via oggi.

A In via Roma negli anni 70 c'erano due lampioni. E oggi?
B Oggi in via Roma ci sono molti lampioni.

via Roma negli anni 70

| panetteria | 5 alberi | negozio di alimentari | ufficio postale |
| fontana | trattoria | gelataio | |

Lavoro di coppia

1 Che bella vita quando ero bambino!

a Rispondi alle domande del compagno/della compagna.

b Ora leggi la lista qui sotto e preparati a fare domande sull'infanzia del compagno/della compagna, come negli esempi.

   i vacanza (andare)

   ii strumento (suonare)

   iii amici (avere)

   iv descrizione di sé (essere, avere)

   v programmi preferiti (guardare, piacere)

   vi passatempi (fare ecc.)

   vii cibo preferito (mangiare, piacere)

Come ...?
Che cosa ...?
Con chi ...?
Dove ...?
Quando ...?
Perché ...?

Dove andavi in vacanza?
Con chi andavi in vacanza?
Quando andavi in vacanza?

2 Via Roma

Guarda il disegno di via Roma come è oggi e decidi dove mettere le altre cose elencate qui sotto. Poi lavora con un compagno/una compagna che ha il disegno di via Roma com'era negli anni 70. Preparati a descrivere com'è la via oggi e poi chiedi al compagno/alla compagna com'era la via in passato.

B Oggi in via Roma ci sono molti lampioni. E negli anni 70?
A In via Roma negli anni 70 c'erano due lampioni.

via Roma oggi

| negozio di scarpe | aiuola | gelataio | ristorante cinese |
| 2 alberi | 2 panchine | supermercato | |

6 Ah ... l'amore!

In this unit, you will learn how to tell a story or talk about an episode in the past, and you will be asked to focus on the difference in usage between the 'passato prossimo' and the 'imperfetto'.

1 La bella sconosciuta ...

a Abbina le parole alle definizioni.

1	peccato ...!	**a**	la parte del treno dove si dorme
2	il vagone letto	**b**	il controllo al confine tra due paesi
3	la cuccetta	**c**	vedere per un attimo e non chiaramente
4	la sconosciuta	**d**	espressione che indica dispiacere
5	la dogana	**e**	il meccanismo che premo per farmi aprire la porta
6	la meta	**f**	la destinazione finale
7	il portone	**g**	il letto in un treno
8	il campanello	**h**	la porta di entrata
9	intravedere	**i**	una donna che non ho mai visto

b Leggi il testo e decidi se le affermazioni sono vere o false.

Una sera ho visto, ad un tavolo non lontano dal mio, una giovanissima e bellissima donna sola. Ho pensato: "Peccato, non la rivedrò mai più!" .

Pochi minuti dopo ho raggiunto il mio posto nel vagone letto, ho fatto preparare la cuccetta e mi sono addormentato. Il giorno dopo, ho visto la bellissima sconosciuta. L'ho rivista altre due volte, alla dogana e a Berlino, dove ho cambiato treno. A Berlino sono salito su un altro treno.

Durante tutto il viaggio non ho più pensato a lei, ma l'ho rivista a Roma.

Alla stazione la bella sconosciuta ha preso un taxi e io ne ho preso un altro e l'ho seguita. Immaginate la mia sorpresa quando l'ho vista scendere davanti al portone di casa mia. Sono salito per le scale dietro a lei, lei si è fermata davanti ad un portone, ha letto il nome ed ha suonato il campanello.

La ragazza che ho intravisto in una stazione di un paese lontano dove non sono più tornato è diventata mia moglie.

		VERO	FALSO
i	Il protagonista ha viaggiato in aereo.	☐	☐
ii	Il protagonista ha cambiato treno a Berlino.	☐	☐
iii	Lui è sceso a Roma e lei ha continuato il viaggio.	☐	☐
iv	La donna ha preso un taxi alla stazione.	☐	☐
v	Dopo questo viaggio non si sono più rivisti.	☐	☐

2 Che cosa manca?

a Attenzione! Il testo dell'esercizio 1b non era completo. Inserisci le frasi mancanti a–f negli spazi appropriati, poi verifica con un compagno.

La bella sconosciuta

Una sera **1** _____ ho visto, ad un tavolo non lontano dal mio una giovanissima e bellissima donna sola. Ho pensato: "Peccato, non la rivedrò mai più!".

Pochi minuti dopo, ho raggiunto il mio posto nel vagone letto, ho fatto preparare la cuccetta e mi sono addormentato. Il giorno dopo, **2** _____ ho visto la bellissima sconosciuta, **3** _____ . L'ho rivista altre due volte, alla dogana e a Berlino, dove ho cambiato treno. A Berlino sono salito su un altro treno, **4** _____ .

Durante tutto il viaggio non ho più pensato a lei, ma l'ho rivista a Roma **5** _____ . Alla stazione la bella sconosciuta ha preso un taxi e io ne ho preso un altro e l'ho seguita. Immaginate la mia sorpresa quando l'ho vista scendere davanti al portone di casa mia. Sono salito per le scale dietro a lei, lei si è fermata davanti ad un portone, ha letto il nome ed ha suonato il campanello: **6** _____ .

La ragazza che ho intravisto in una stazione di un paese lontano dove non sono più tornato è diventata mia moglie.

Achille Campanile, *Se la luna mi porta fortuna*, Rizzoli, Milano 1960

---

a che era la meta del mio viaggio

b era il portone di casa mia. In breve, lei era la figlia di una compagna di collegio di mia madre e veniva ospite a casa nostra.

c mi trovavo in viaggio in una città straniera e lontana. Era l'ultimo giorno che passavo in Russia e, mentre aspettavo il treno che doveva riportarmi in Italia e cenavo nel ristorante della stazione, ...

d mentre andavo al vagone ristorante

e lei era lì seduta in uno scompartimento, ma non c'era posto, era tutto pieno

f era sola nello scompartimento e leggeva un giornale

b Ora ascolta la registrazione e verifica la sequenza dei paragrafi.

c Rileggi il testo e rispondi alle domande.

A	**B**

i Dove ha incontrato la donna?

_____

ii Che cosa faceva quando l'ha incontrata?

_____

iii Che cosa ha fatto lui alla stazione pochi minuti dopo?

_____

iv Che cosa faceva quando l'ha vista nello scompartimento?

_____

v Che cosa ha fatto lui a Roma?

_____

vi Chi era la ragazza?

_____

d Considera le tue risposte all'esercizio precedente e completa.

i Quale tempo hai usato per rispondere alle domande della colonna A?

_____

ii E per rispondere alle domande della colonna B?

_____

iii Quale di questi due tempi verbali narra i fatti e quale le situazioni ?

_____

iv Trascrivi alcune frasi del testo che mostrino la differenza tra:

fatti	situazioni
1a _____	1b _____
2a _____	2b _____

Scalinata di Trinità dei Monti, Roma

3 Colpo di fulmine!

Come si sono conosciute – e innamorate! – queste persone? Descrivi ciascuna vignetta
con più dettagli possibili e poi continua la storia usando la tua immaginazione. Aiutati
con i verbi e le espressioni qui suggeriti.

Situazioni	Fatti
1 Marisa *Era estate. C'era il sole. Carlo giocava a pallavolo con gli amici. Lì accanto Marisa prendeva il sole stesa sulla sabbia.*	*... Ad un certo punto la palla ha colpito Marisa e ...* scusarsi piacersi prendere un aperitivo uscire insieme scriversi, telefonarsi
2 Enrico	*... Al momento di pagare il conto ...* aprire la borsa, impallidire niente portafoglio! offrire un prestito scambiarsi il numero di telefono ...
3 Isabella	*Improvvisamente ...* rallentare, lasciar passare, seguire fermarsi, presentarsi, chiacchierare, andare alla macchina

4 Anime gemelle

a Ora ascolta Marisa, Enrico e Isabella che raccontano come in realtà sono andate le
cose e come hanno incontrato la loro 'anima gemella'. Completa la scheda.

		Dove	Quando	Descrizione anima gemella	Altri dettagli
1					
2					
3					

b Ascolta nuovamente e rispondi alle domande.

   i Che cosa ha fatto Carlo quando ha visto Marisa prepararsi a lasciare la spiaggia?

   ii Dove si trovavano le amiche di Marisa il giorno che quest'ultima ha incontrato Carlo?

   iii Perché, secondo Enrico, Rossana aspettava il suo ragazzo?

   iv Qual è stata la reazione di Rossana quando Enrico le ha chiesto se poteva esserle di aiuto?

   v Che cosa ha fatto Isabella quando ha visto che il ragazzo la seguiva?

   vi Che problema aveva la macchina di Isabella?

5 Enrico

 a Ascolta la continuazione della storia di Enrico e completa gli spazi con le parole che mancano.

… questo qualcosa che cercava era il suo portafoglio. **a** _____ mi sono avvicinato e le ho chiesto se potevo esserle di aiuto. **b** _____ lei mi ha guardato con sorpresa, ma anche con un po' di sospetto. **c** _____ si è messa a ridere e mi ha spiegato la situazione. **d** _____ non riusciva a trovare il suo portafoglio e pensava di chiedere al ristoratore se poteva lavare i piatti **e** _____ di pagare …

f _____ parlava io l'osservavo: aveva proprio un bel sorriso, i denti bianchi e perfetti, e gli occhi vivaci, che ridevano. Io le ho subito offerto di pagare il suo conto. Lei ha rifiutato, ma io ho insistito tanto e **g** _____ ha detto: "OK, ma è un prestito, domani ti ripago, va bene?"

h _____ mi sono seduto al suo tavolo e abbiamo ordinato un digestivo e chiacchierato per almeno un'ora.

  b Con l'aiuto del dialogo qui sopra, abbina i connettivi alle loro funzioni.

Connettivi	Funzioni
1 all'inizio	**a** introduce la conclusione della narrazione
2 alla fine	**b** si usa per cominciare a raccontare una serie di fatti
3 invece	**c** esprime dispiacere
4 poi/dopo/in seguito	**d** introducono una conseguenza
5 mentre	**e** indicano una sequenza temporale dei fatti
6 quindi/e così	**f** introduce un fatto che è opposto all'affermazione precedente
7 per fortuna	**g** indica la simultaneità di due azioni
8 purtroppo	**h** esprime sollievo per come sono andati i fatti

6 Isabella

 Completa la storia di Isabella con i connettivi appropriati e poi controlla con la registrazione.

a _____ non ci ho fatto caso, ho pensato a una coincidenza, ma **b** _____ ho provato ad aumentare la velocità. E lui dietro. Ho pensato: "Ah! È il solito orgoglio maschile, non vuole essere meno di una donna". **c** _____ ho rallentato e lui, **d** _____ di sorpassarmi, rallentava. **e** _____ mi sono stufata e mi sono fermata al margine del sentiero per lasciarlo passare una volta per tutte. E lui che ha fatto? Non si è fermato anche lui! Si è tolto il casco e si è presentato: "Sono Marco, e tu, come ti chiami?" Ero lì lì per dirgliene quattro, ma **f** _____ ho visto che aveva una faccia simpatica, con tante lentiggini, gli occhi verdi grandi e un testone di capelli rossi, ricci, un po' selvaggi ... Abbiamo chiacchierato un po', **g** _____ siamo tornati al parcheggio dove c'erano le nostre rispettive macchine. La mia **h** _____ non partiva. Aveva la batteria completamente scarica, ma **i** _____ Marco aveva un cavo in macchina, **j** _____ mi ha aiutato a risolvere il problema.

7 La tua storia

 a Ora racconta a un compagno/una compagna come hai conosciuto la tua anima gemella, o una persona che ti è molto cara.

 b Scrivi una lettera ad un amico/un'amica raccontando l'incontro con tutti i dettagli.

Tropea, Calabria

Cattedrale, Tropea, Calabria

Extra!

8 Il postino

Ascolta l'intervista sul film *Il postino* e prendi appunti in italiano nella scheda.

Regista	Protagonisti	Ambientato a	Trama	Opinione dell'intervistato

9 Recensioni

Leggi queste recensioni di *Il postino* e rispondi alle domande.

"Ho visto questo film non appena è uscito. Non ho mai sofferto tanto per due ore di fila … un capolavoro artistico imperdibile." Filippo, 24 anni, Pozzuoli (NA)

"Niente di particolare, la storia è troppo mielosa, ci si addormenta." Alex, 27 anni, Trento

"Una splendida storia d'amore, un ricordo di Troisi commovente, coinvolgente, umile ed allo stesso tempo esaltante." Francesco Cutolo, Viterbo

"L'ultimo film di Troisi è un tentativo, riuscito solo in parte, di dare lustro internazionale alla tradizione 'alta' della commedia italiana. Purtroppo, la regia tende ad essere pressoché inesistente. È solamente grazie a Troisi, con quel volto scavato che lo fa assomigliare a Pasolini, che il film si salva dal cadere nel più spaccato romanticismo pseudoletterario." Pier Maria Sgarbato, Roma

i Che cosa pensano del film gli autori di queste recensioni?
ii Come si è sentito Filippo mentre guardava il film?
iii Che cosa aveva voglia di fare Alex durante il film?
iv Che genere di film è *Il postino* secondo Francesco Cutolo?
v Quali sono i problemi principali del film secondo l'autore dell'ultima recensione? Qual è invece l'aspetto positivo?

10 Un film

Scrivi una lettera a un amico/un'amica e racconta la trama di un film che ti è piaciuto. Aiutati con la scheda dell'ascolto 8.

Caro Roberto,
come va? Ieri sono stata al cinema e ho visto …

Grammatica

- **Passato prossimo vs. imperfetto**

  In Italian there are two ways of expressing the past: with the *passato prossimo** or the *imperfetto*. The following table gives the differences in usage between these two tenses.

  * Also with the *passato remoto* 'past definite', which is used mainly in formal writing. In the South and some parts of central Italy, this tense is widely used also in speech: **Garibaldi nacque a Nizza nel ...**

Passato prossimo	*Imperfetto*
• indicates a completed action in the past.	• indicates an action that has not been completed.
Questa mattina ho dormito fino alle 10. This morning I slept until 10. (This means that I completed the action of sleeping at 10 a.m.) Graphically, the time line is: ___ **ho dormito**/I slept ⏐10 a.m. The focus of the sentence is on the entire action, which ends at 10 a.m.	**Questa mattina alle 10 dormivo ancora.** This morning at 10 I was still asleep. (The action is observed at a particular point in time as it takes place.) Graphically, the time line is: _ _ _ _ ___ 10 a.m. _____ **dormivo**/I was sleeping Only one moment of the entire action is shown: 10 a.m. At that time I was still asleep.
• expresses two or more completed actions, which took place one after the other. **Prima mi sono iscritta a un corso di lingua e poi ho cercato lavoro.** First I registered on a language course and then I looked for a job. Graphically, the time line is: **mi sono iscritta** + **ho cercato** ⏐ now	• indicates two or more non-completed actions taking place simultaneously. **Mentre io cucinavo, lui studiava.** While I was cooking, he was studying. (The action is observed at a particular point in time as it takes place.) Graphically, the time line is: _ _ _ **io cucinavo** _ _ _ _ _ _ **lui studiava** _ _ _
• is used to express the main action of a sentence against the background of a secondary one. **Ho incontrato il mio futuro marito quando lavoravo all'università di Essex.** I met my future husband when I worked at Essex University. Graphically, the time line is: _ _ _ _ lavoravo⏐ **ho incontrato**	• expresses an action already taking place at the moment in which the main action was occurring. **Lavoravo all'università di Essex quando ho incontrato il mio futuro marito.** I was working at Essex University when I met my future husband. Graphically, the time line is: _ _ _ **lavoravo**⏐ ho incontrato

Esercizi di grammatica

1 Passato prossimo o imperfetto? Completa le frasi:

a Mentre _____ (lui/aspettare) l'autobus, _____ (vedere) passare i suoi amici in macchina.

b Ieri sera Laura _____ (addormentarsi) davanti alla televisione, perché _____ (essere) molto stanca, e il film che _____ (loro/dare) _____ (essere) proprio noioso.

c L'ultima volta che _____ (io/vedere) Gianni, _____ (lui/avere) i capelli lunghi e incolti e la barba lunga.

d Quando _____ (tu/uscire), _____ (tu/notare) se la farmacia di fronte casa _____ (essere) aperta?

e Mentre _____ (voi/giocare) a calcio, _____ (noi/fare) la spesa e _____ (noi/comprare) dell'ottimo pesce da fare alla griglia.

f La cena _____ (essere) pronta e _____ (noi/essere) tutti a tavola, quando, improvvisamente, l'allarme _____ (cominciare) a suonare.

2 Completa gli spazi con i verbi nel riquadro.

> bisognava   accompagnava   lavoravano   è stato   si trovava   c'era   ha consegnato
> erano   aveva   ha detto   era   aveva   sono saliti   aveva   mancavano
> si sono presentati   era

L'albergo **a** _____ una facciata brutta e poco promettente. Tuttavia, **b** _____ nel punto più popoloso della città e quindi **c** _____ molto comodo. **d** _____ l'ascensore, i camerieri **e** _____ bene, in modo svelto e disciplinato, la cucina **f** _____ fama di essere genuina. Insomma, non **g** _____ mai i clienti, la maggior parte dei quali **h** _____ commessi viaggiatori, uomini d'affari, gente della provincia arrivati in città per concludere qualche affare. Un lunedì sera, verso le sei, **i** _____ un paio di clienti diversi dal solito: una vecchia signora in lutto con il figlio che l'**j** _____. 'Camera 508' **k** _____ l'impiegato della recezione e **l**_____ la chiave al giovanotto. La camera **m** _____ al quinto piano e quindi **n** _____ usare l'ascensore. Ma la signora **o** _____ paura di quel congegno meccanico e non **p** _____ possibile convincerla a servirsene. Così **q** _____ in camera per le scale facendosi più di 120 gradini a piedi …

Glossario

Esercizio 1

peccato (m)	pity, sin
cuccetta (f)	couchette
dogana (f)	customs
campanello (m)	bell
intravedere	catch a glimpse of
premere	to press
posto (m)	seat, place
fermarsi	to stop
suonare	to ring

Esercizio 2

ospite (m/f)	guest, host

Esercizi 3 e 4

colpo (m) di fulmine	love at first sight
innamorarsi	to fall in love
anima gemella (f)	soul mate
sdraiarsi	to lie down
prendere il sole	to sunbathe
pallavolo (f)	volleyball
ossa (f pl)	bones
sasso (m)	stone
impallidire	to become pale
prestito (m)	loan
tizio (m)	fellow, guy
rallentare	to slow down
margine (m)	edge
indifeso/a	defenceless
perdutamente	desperately, madly

Esercizio 5

mettersi a ridere	to start laughing
riuscire a	to manage to do sth.
invece	on the contrary
poi/dopo/in seguito	then
mentre	while
quindi/e così	so, therefore
per fortuna	luckily
sollievo (m)	relief

Esercizio 6

sorpassare	to overtake
stufarsi	to become fed up
sentiero (m)	path
casco (m)	helmet
lentiggine (f)	freckle
selvaggio	wild
scarico (adj)	flat
cavo (m)	lead

Extra!

regista (m/f)	film director
essere ambientato	to be set
trama (f)	plot
ennesimo	hundredth

pescatore (m)	fisherman
disoccupato/a	unemployed
esilio (m)	exile
consegnare	to deliver
imbrogliare	to cheat
commovente	moving
deludere	to disappoint
recensione (f)	review
capolavoro (m)	masterpiece
imperdibile	that cannot be missed
mieloso	sugary, sloppy
commovente	moving
coinvolgente	gripping
tentativo (m)	attempt
riuscito	successful
pressoché	almost totally
volto (m)	face
scavato	emaciated
assomigliare	to look like
aver voglia di	to feel like

Esercizi di grammatica

dare (un film)	to show
svelto	quick
commesso viaggiatore (m)	travelling salesman
lutto (m)	mourning
congegno (m)	device

Lavoro di coppia

cedere	to give in
testardaggine (f)	stubbornness
nascondere	to hide
giurare	to swear
spaventarsi	to be frightened

Ancora un po' di pratica

legna (f)	firewood
camino (m)	fireplace
respiro (m)	breath
chissà	hopefully
sguardo (m)	look
speranzoso	full of hope
nudo	naked, bare
battere i denti	to shiver
fiaba (f)	fairy tale
prendere in prestito	to borrow
taglialegna (m)	wood cutter
bruciare	to burn
tagliare	to cut down
riscaldarsi	to warm oneself up
crescere	to grow up
bosco (m)	wood

(See Appendix, page 189)

Lavoro di coppia

1 La nonna

a Leggi il seguente brano tratto da B*agheria* di Dacia Maraini e fai domande al compagno/alla compagna per completare gli spazi. Usa gli interrogativi **chi**, **che cosa**, **di quanto**, ecc.

A Chi non ho mai visto piangere?
B Nonna Sonia.

Non l'ho mai vista piangere mia **a** _____ . Nemmeno alla morte del nonno. Gli è sopravvissuta di quasi trent'anni, la bella cilena che a ottant'anni non sapeva ancora **b** _____ come si deve. Costruiva le sue frasi secondo il ritmo di un'altra lingua. Diceva "el uomo" e non distingueva tra cappello e capello. Mia nonna è venuta dal Cile alla fine del secolo scorso, aveva studiato **c** _____ a Parigi. Aveva una bella voce da soprano e un temperamento teatrale. Voleva fare di queste sue capacità un mestiere, ma non era una professione da ragazze di buona famiglia. Suo padre glielo aveva proibito e le aveva proposto invece un buon matrimonio con un proprietario di terre argentino.

Ma lei ha resistito, a diciotto anni è scappata di casa per andare a "fare la lirica" come diceva lei ed è approdata a **d** _____ , dove ha conosciuto Caruso. Ma il padre non intendeva cedere, è andato a prenderla a Milano e l'ha riportata a Parigi. E da Parigi Sonia è scappata di nuovo, mostrando grande tenacia e grande amore per la sua arte.

In una gara di testardaggine senza limiti, il padre è tornato a cercarla, l'ha trovata e l'ha nascosta in **e** _____ , riportandola per la seconda volta in Francia. L'ha chiusa questa volta in camera, giurandole che ne sarebbe uscita solo per sposarsi. Ma poi, di fronte alle reazioni, a dir poco spropositate di lei, si è spaventato. Alla fine il padre stesso l'ha accompagnata a Milano per riprendere gli studi. Ed è a Milano che Sonia ha conosciuto **f** _____ dagli occhi azzurri che era mio nonno Enrico e se ne è innamorata.

(Adattato da: Dacia Maraini, B*agheria*, Rizzoli, 1993)

b Ora rispondi alle domande che ti fa il compagno/la compagna per completare il suo brano.

2 Hai visto questo film?

a Descrivi un film che il compagno/la compagna non ha ancora visto e rispondi alle sue domande.

b Ora scambiatevi i ruoli: tocca a te chiedere informazioni relative al film scelto dal compagno/dalla compagna. Compila la scheda.

Titolo + regista	Quando?	Dove?	Come?	Descrizione	Altri dettagli
?					

Lavoro di coppia

1 La nonna

a Leggi il seguente brano tratto *da* B*agheria* di Dacia Maraini e rispondi alle domande che ti fa il compagno/la compagna per completare il suo brano.

Non l'ho mai vista piangere mia nonna Sonia. Nemmeno alla morte del nonno. Gli è sopravvissuta di **a** _____, la bella cilena che a ottant'anni non sapeva ancora parlare l'italiano come si deve. Costruiva le sue frasi secondo il ritmo di un'altra lingua. Diceva "el uomo" e non distingueva tra **b** _____. Mia nonna è venuta dal Cile alla fine del secolo scorso, aveva studiato pianoforte e canto a Parigi. Aveva una bella voce da soprano e un temperamento teatrale. Voleva fare di queste sue capacità un mestiere, ma non era una professione da ragazze di buona famiglia. Suo padre glielo aveva proibito e le aveva proposto invece **c** _____ con un proprietario di terre argentino.

Ma lei ha resistito, a diciotto anni è scappata di casa per andare a "fare la lirica" come diceva lei ed è approdata a Milano, dove ha conosciuto Caruso. Ma il padre non intendeva cedere, è andato a prenderla a Milano e l'ha riportata a **d** _____. E da Parigi Sonia è scappata di nuovo, mostrando grande tenacia e grande amore per la sua arte.

In una gara di testardaggine senza limiti, il padre è tornato a cercarla, l'ha trovata e l'ha nascosta in casa di amici, riportandola per la seconda volta in Francia. L'ha chiusa questa volta in camera, giurandole che ne sarebbe uscita solo per sposarsi. Ma poi, di fronte alle reazioni, a dir poco spropositate di lei, si è spaventato. Alla fine il padre stesso l'ha accompagnata a Milano per **e** _____. Ed è a Milano che Sonia ha conosciuto il bel siciliano dagli occhi azzurri che era **f** _____ e se ne è innamorata.

(Adattato da: Dacia Maraini, B*agheria*, Rizzoli, 1993)

b Ora fai domande al compagno/alla compagna per completare gli spazi nel tuo brano. Usa gli interrogativi **chi**, **che cosa**, **di quanto**, ecc.

A Di quanti anni gli è sopravvissuta?
B Di trent'anni

2 Hai visto questo film?

a Chiedi informazioni relative al film scelto dal compagno/dalla compagna. Compila la scheda.

Titolo + regista	Quando?	Dove?	Come?	Descrizione	Altri dettagli
?					

b Ora descrivi un film che il compagno/la compagna non ha ancora visto e rispondi alle sue domande.

7 Mandami un messaggino :-) !!

In this unit you will be learning how to use the present continuous to describe what you are doing at a given moment. In doing so you will learn about how young Italians are in love with texting.

1 Che bello poter comunicare!

 a Lavora con un compagno/una compagna. Cercate di scrivere il maggior numero possibile di mezzi di comunicazione, moderni e antichi.

 b Confrontate con un'altra coppia e aggiungete anche le loro idee.

 c Ora decidete:
   i Qual è il più veloce?
   ii Qual è il più efficace?
   iii Qual è quello che preferite?

2 Un amore per i telefonini

 **a** Abbina le parole alle definizioni.

1 cellulare/telefonino	**a** diventare meno/minore in numero.
2 diminuire	**b** un tipo di telefono che non si può portare fuori da casa.
3 aumentare	**c** diventare di più/maggiore in numero.
4 il (telefono) fisso	**d** particolarmente, specialmente.
5 soprattutto	**e** un tipo di telefono che posso portare con me.

b Leggi "Un amore per i telefonini" e decidi se le affermazioni sono vere o false.

Italiani sempre più innamorati del telefono. Tra il 1997 e il 2002, le famiglie con il <u>cellulare</u> sono triplicate. E quasi la metà dei nuclei familiari italiani ha più di un <u>telefonino</u>. Secondo l'Istat, una delle maggiori società italiane di statistiche, negli ultimi anni si è assistito ad una vera e propria rivoluzione nel rapporto tra i cittadini e il telefono. Sono <u>diminuite</u> le famiglie che non hanno telefono o che possiedono soltanto il <u>fisso</u>. Sono <u>aumentate</u> le famiglie che hanno sia il fisso che il cellulare e quelle che hanno solo il cellulare.

Insomma il cellulare entra in casa e sostituisce il telefono fisso.
Il fenomeno del nuovo amore per il telefonino si manifesta <u>soprattutto</u> tra i single e i giovani tra i 20 e i 35 anni.

Adattato da: repubblica on line 4 agosto 2003

	VERO	FALSO
i Agli italiani non piacciono molto i telefonini.	☐	☐
ii La metà delle famiglie italiane ha un telefonino solo.	☐	☐
iii In Italia ci sono più persone che hanno solo un telefono fisso.	☐	☐
iv Il cellulare sostituisce il telefono fisso.	☐	☐
v Questo fenomeno si manifesta in tutte le fasce d'età.	☐	☐

3 Voglio il telefonino!!! Un sondaggio e una statistica

a Fai a 5 compagni/compagne le seguenti domande e segna le loro risposte.

	Nome:_____	Nome:_____	Nome:_____	Nome:_____	Nome:_____
Ha un telefonino?					
Ha amici che non lo hanno? Quanti?					
Quanti in famiglia hanno il telefonino?					
Ha un telefono fisso a casa? Quanto lo usa?					

b Ora lavora in coppia con un compagno/una compagna. Cercate di scrivere una statistica. Usate le parole della tabella.

alcuni	some	**uno su dieci**	one out of ten
tutti/tutti e 5	everybody/all five of them	**metà/un quarto**	half/a quarter
il 30% (per cento)	thirty per cent	**nessuno**	nobody
la maggior parte della popolazione	the majority of the population		

4 Io e il mio telefonino

a Ascolta queste persone che parlano del loro rapporto con il telefonino e completa la tabella.

	Marta	Elena	Luca
i Con che frequenza usa il suo telefonino?			
ii Pregi e difetti. Cosa le/gli piace e cosa non le/gli piace?			
iii Perché?			

b Ora fai le stesse domande al compagno/alla compagna e rispondi anche tu.

5 La lingua dei telefonini! EMOTICONS :-)))

a Guarda i seguenti emoticons e decidi insieme a quale degli sms sono stati mandati.

1 :-)   **a** Ho preparato una sorpresa per il suo compleanno, ma non dire niente a Marco!

2 :-(**b** Ti mando un bacio.

3 :-x   **c** Sono felice per te!

4 ;-)   **d** Grazie per avermi aiutato. Senza di te sarebbe stato tutto più difficile. Sei un angelo!!!

5 o:)   **e** Mi dispiace tanto.

b E tu conosci altri emoticons? Lavorate in gruppi di tre, cercate di disegnare altri emoticons e scrivete accanto che cosa significano.

6 È sempre bello scriversi!

a Leggi il brano e rispondi alle domande.

Fino a pochi anni fa il telefono aveva relegato la scrittura a qualcosa di scolastico. Poi è stato proprio il telefono a rilanciare la scrittura; infatti ogni giorno, proprio attraverso il telefono si trasmettono quantità di comunicazioni scritte: fax, messaggi di posta elettronica e messaggi sms. E fax a parte, il telefono ha costituito la nascita di una nuova forma di scrittura che potremmo chiamare scrittura elettronica. Le caratteristiche della scrittura elettronica sono la velocità e la tendenza alla forma del dialogo, per questo la scrittura diventa molto simile al parlato.

Durante gli scambi di posta elettronica mancano le lunghe riflessioni che le persone facevano prima di scrivere una lettera a mano e per questo la posta elettronica, pur restando la freddezza del mezzo, è più emotiva degli scritti tradizionali. È vero che ad essa mancano tutti gli elementi extralinguistici come le espressioni del volto, i gesti, ma in qualche modo si cerca di sostituirli con quelli che vengono chiamati emoticons, o faccette in italiano, che comunicano la connotazione con cui deve essere letto un messaggio.

Ma proprio per dare alla lingua quella immediatezza e velocità del dialogo sono nati tutta una serie di segni e abbreviazioni. Ad esempio si scrive '+' per dire 'più' e 'x' per dire 'per'. Ed anche la grafia dell'italiano sta cambiando: 'chi' diventa 'ki' e 'che' diventa 'ke', solo per motivi di spazio o velocità.

Insomma la scrittura elettronica è una scrittura tipicamente giovanile.

i In quale modo il telefono ha rilanciato la lingua scritta?
ii Quali sono le caratteristiche della scrittura elettronica?
iii Perché la scrittura elettronica è più emotiva di quella tradizionale?
iv Che cosa dà alla lingua elettronica la sua immediatezza?

b Con un compagno/una compagna scrivete un breve riassunto del brano.

7 SMS ;-)

a Guarda i seguenti messaggini e decidi che cosa significano le parole sottolineate.

> **8Ø voglia d vederti!**

> Dove **6**? **Ke** fai?
> Non mi **kiami** **±**?

> Ciao, lo sai ke **TVB**

> **xké** **nn** 6 a casa?

> Ho paura d **xderti**.

i non = _____
ii Ti voglio bene = _____
iii Ho tanta = _____
iv che = _____
v più = _____

vi perderti = _____
vii di = _____
viii chiami = _____
ix perché = _____
x sei = _____

8 Ciao, che stai facendo?

 a Ecco dei messaggini: unisci la prima parte di ogni messaggio con la seconda parte.

1 Sto tornando a casa! Ho finito di lavorare

2 Siamo alla stazione, stiamo partendo per Roma,

3 Sto andando a lavorare, ti scrivo solo per

4 Ciao, sono sulla spiaggia e un po' mi annoio. Marco sta leggendo un libro e

5 Beato te che sei in vacanza! Che stai facendo? Io sto

a arriviamo alle sette, ci vieni a prendere tu?

b fumando una sigaretta in una pausa lavoro. Ciao

c presto! **:-)** Tu che cosa fai? Ti va di uscire?

d farti un saluto. Spero di rivederti presto!

e Sara non vuole venire con me a fare il bagno **:-(**

 **b** Guarda ora il messaggio 5: **Che stai facendo? Io sto fumando una sigaretta.**
Rifletti, usando come esempi i messaggini precedenti.

i Quando si usa questo tempo?

ii Come si forma?

iii Come si forma la seconda parte del verbo? (gerundio)

are (andare) → _____

ere (leggere) → _____

ire (partire) → _____

---

grammatica

Stare + gerundio

verbo **stare** + **gerundio**
sto   stiamo
stai   state   **-ando/-endo/-endo**
sta   stanno

sto parlando   I'm speaking
sto leggendo   I'm reading
sto partendo   I'm leaving

verbi riflessivi: pronome riflessivo + verbo **stare** +gerundio

mi sto lavando   I'm washing
mi sto radendo   I'm shaving
mi sto vestendo I'm getting dressed

Alcuni verbi hanno il gerundio irregolare: **fare → facendo dire → dicendo**.

9 Sto fumando una sigaretta

a E le persone di queste illustrazioni che cosa stanno facendo? Lavora con un compagno. Scrivete una o più frasi per ogni immagine.

1 *Sta scrivendo una lettera a sua sorella.*

2 _____

_____

3 _____

_____

4 _____

_____

5 _____

_____

6 _____

_____

b Ora pensa a una possibile azione e preparati a mimarla a un compagno/una compagna che deve indovinare. Poi, scambiatevi i ruoli.

Stai fumando la pipa!

10 Studiare italiano

Che mi consigli? Continua la seguente lista di consigli per migliorare la conoscenza di una lingua straniera. Per questo uso del gerundio vedi Grammatica p. 82.
Si migliora una lingua straniera:

studiando ogni giorno _____

_____

_____

Extra!

11 Tradimenti, malattie, ritardi. Un sms offre alibi per bugiardi

 a Leggi il seguente testo e decidi se le affermazioni sono vere o false.

A New York bastano tre dollari per assumere una segretaria che, tra migliaia disponibili, manderà un sms al telefono di tua moglie o tuo marito per dire che a causa di una riunione sarai fuori casa per tutto il fine settimana. Per qualsiasi cosa che ti serve, puoi fare affidamento a lei: può creare rumori di sottofondo per ingannare il partner, far finta di essere il capo ufficio o un amico che ti crea un alibi. La tribù dei bugiardi si sta organizzando: crescono infatti siti, chat, comunità web dove è possibile iscriversi e lasciarsi i numeri dei cellulari per scambiarsi scuse e bugie da usare contro terze persone. E come già detto, oltre a scuse e bugie, si possono comprare anche rumori di sirene, altoparlanti d'aeroporto e archi d'orchestra. E così il telefonino, che inizialmente veniva visto dagli infedeli come un "cataclisma" e dagli imprenditori come una peste, sta prendendo la sua rivincita.

"Dove sei?" chiediamo alla persona che chiamiamo al cellulare: i 3400 iscritti a www.sms.ac.uk sono sempre in grado di rispondere con una bugia, una falsità.

I siti in cui ci si scambiano scuse da usare al telefonino stanno crescendo negli Stati Uniti, in Europa e in Asia.

Michelle Logan, che ha costruito un network di bugiardi, ha detto che le scuse più richieste sono ovviamente quelle da usare all'interno della coppia, ma non sempre si tratta di infedeltà. Poco tempo fa un uomo ha chiesto aiuto per convincere la moglie a non aspettarlo a casa per cena: voleva rimanere in un bar a vedere la finale dei campionati di basket.

		VERO	FALSO
i	L'articolo parla di web site che inventano bugie.	☐	☐
ii	Costa più di 3 dollari comprare una scusa.	☐	☐
iii	Sui web site si possono comprare immagini da mandare.	☐	☐
iv	I siti sono in crescita in tutto il mondo.	☐	☐
v	Le scuse più richieste sono quelle da usare tra partners.	☐	☐
vi	Le scuse vengono sempre comprate per nascondere un tradimento.	☐	☐

b Scrivi una lettera ad un amico/un'amica, dicendo che hai letto un articolo. Racconta quello che hai letto e che cosa pensi. Usa espressioni come: **secondo me**.

Caro/a _____

Come stai? Io molto bene _____

_____

Un abbraccio,

_____

Grammatica

- **The gerund**
  The gerund is invariable. For verbs ending in **-are** it ends in **-ando**, for all other verbs it ends in **-endo**. Some verbs change their stem when forming the gerund:

  fare → **facendo**   doing
  dire → **dicendo**   saying
  bere → **bevendo**   drinking
  tradurre → **traducendo**   translating
  supporre → **supponendo**   supposing

  The gerund indicates when, how and why the action takes place and it always refers to the subject of the main verb.

  Si impara una lingua leggendo molto.   One can learn a language by reading a lot.
  Mangiando, di solito ascolto la radio.   While eating I usually listen to the radio.

- **The present continuous**
  The gerund is also used to relate actions taking place at the time of speaking (present continuous). The present continuous is made up of the present tense forms of the verb **stare** + the gerund.

  Laura sta parlando al telefono.   Laura is talking on the phone.

  With reflexive verbs the reflexive pronouns (**mi, ti, si, ci, vi**) generally come before **stare**.

  Gina si sta vestendo.   Gina is getting dressed.

  Note also a similar way of expressing the past continuous.

  Con chi stavi parlando?   Who were you talking to?
  I ragazzi si stavano annoiando.   The kids were getting bored.

- **Di** combined with the article
  The preposition **di** joins up with the definite article to form the following 'preposizioni articolate':

	il	lo	la	l'	i	gli	le
di	**del**	**dello**	**della**	**dell'**	**dei**	**degli**	**delle**

Esercizi di grammatica

1 Completa le frasi con la forma corretta di **stare** e il gerundio dei verbi tra parentesi.

a La Signora Delaini *sta parlando* (parlare) con sua figlia.

b Marta, che cosa _____ (fare)?

c _____ (noi, andare) al cinema.

d In questo momento Carlo e Giorgio _____ (arrivare) all'aeroporto di Genova.

e Ma cosa_____ (aspettare) tutte quelle persone?

f Corri, corri, che il treno _____ (partire).

g Sono arrabbiato perché la mia squadra di calcio _____ (perdere).

h È ancora al lavoro, ma secondo te che cosa _____ (fare), lavora sempre fino a tardi!

i Senti Luca, in questo momento non posso discutere, _____ (passeggiare) in un posto bellissimo!

2 Aggiungi la preposizione **di** con l'articolo corretto.

a La maggior parte *degli* italiani ha sia il telefono fisso che il cellulare.

b Nessuno _____ miei amici è venuto al cinema ieri sera.

c Solo alcune _____ persone che conosco non hanno il cellulare.

d Il 25% _____ popolazione vive su un territorio pianeggiante.

e Passa al telefono gran parte _____ giorno.

f La maggior parte _____ giovani ha un computer a casa.

Firenze

Glossario

Esercizio 1

mezzi (*m pl*) (di comunicazione)	media
efficace	effective
telefonino (*m*)	mobile phone

Esercizio 2

diminuire	to decrease
aumentare	to grow
(telefono) fisso (*m*)	landline
triplicare	to triplicate
rapporto (*m*)	relationship
possedere	to own
insomma	in short
fascia (*f*)	group

Esercizio 3

statistica (*f*)	statistics
uno su dieci	one out of ten
tutti	everybody
il 30% (per cento)	30%
la maggior parte di	the majority of
nessuno	nobody
entrambi	both
tutti e due/tre	both/all three

Esercizio 4

pregio (*m*)	quality
difetto (*m*)	defect
spento	switched off
sopportare	to bear

Esercizio 5

compleanno (*m*)	birthday
mandare	to send

Esercizio 6

rilanciare	to revive
scrittura (*f*)	writing
relegare	to relegate
nascita (*f*)	birth
diventare	to become
parlato (*m*)	spoken language
scambio (*m*)	exchange
freddezza (*f*)	coldness
emotivo	emotional
gesto (*m*)	gesture
immediatezza (*f*)	immediacy
grafia (*f*)	writing
motivo (*m*)	reason
giovanile	young

Esercizio 7

voler bene	to love

Esercizio 8

annoiarsi	to get bored
spiaggia (*f*)	beach
beato te!	lucky you!
bagno (*m*)	bath, swim
fare il bagno	to go swimming

Extra!

tradimento (*m*)	betrayal
malattia (*f*)	illness
bugiardo (*m*)	liar
a causa di	because of
servire	to need
fare affidamento	to rely
rumore (*m*)	noise
ingannare	to deceive
fare finta	to pretend
iscriversi	to enrol
scusa (*f*)	excuse
altoparlante (*m*)	loudspeaker
infedele	unfaithful
cataclisma (*m*)	catastrophe
imprenditore (*m*)	entrepreneur
peste (*f*)	plague
convincere	to persuade

Lavoro di coppia

in media	on average
avere voglia	to fancy
avere fame	to be hungry

Ancora un po' di pratica

ritenere	to think
basato	based on
vantaggio (*m*)	advantage
motore (*m*)	engine
spiegazione (*f*)	explanation
di moda	fashionable
maneggevole	handy
gratuito	for free
ragione (*f*)	reason
forma (*f*)	shape

Lavoro di coppia

1 Per che cosa lo usi?

a Rispondi alle seguenti domande e poi senti che cosa ha risposto il compagno/la compagna.

   i   Hai un telefonino?

   ii   Lo usi spesso?

   iii   Cosa ti piace del telefonino?

   iv   Che cosa non ti piace del telefonino?

   v   Per che cosa usi il telefonino?

   vi   Quanti sms mandi in media al giorno?

   vii   Hai un PC a casa?

   viii   Preferisci usare il PC o mandare sms con il telefonino?

   ix   In che modo sono differenti il PC e il telefonino?

b Preparatevi insieme per dire alla classe quello che avete e non avete in comune.

2 Tre messaggini

a Detta al compagno/alla compagna i seguenti messaggini, scritti nel linguaggio dei "giovani".

I miei messaggi	I messaggi del mio compagno
1 Dove eri ieri? ϰké nn 6 venuto a casa d Kiara? :-(	4
2 80 voglia d 1 gelato! Se t va, mi kiami?	5
3 nn posso + aspettare. t kiamo stasera! ;-)	6

b Preparati a scrivere nello stesso linguaggio i messaggini che ti detterà lui/lei.

85

Lavoro di coppia

1 Per che cosa lo usi?

a Rispondi alle seguenti domande e poi senti che cosa ha risposto il compagno/la compagna.

   i   Hai un telefonino?

   ii Lo usi spesso?

   iii Cosa ti piace del telefonino?

   iv Che cosa non ti piace del telefonino?

   v Per che cosa usi il telefonino?

   vi Quanti sms mandi in media al giorno?

   vii Hai un PC a casa?

   viii Preferisci usare il PC o mandare sms con il telefonino?

   ix In che modo sono differenti il PC e il telefonino?

b Preparatevi insieme per dire alla classe quello che avete e non avete in comune.

2 Tre messaggini

a Scrivi i messaggini, nel linguaggio dei "giovani", che ti detterà il compagno/la compagna.

I messaggi del mio compagno	I miei messaggi
1	4 Ke fai? nn esci? :-(ĸké?
2	5 ĸké nn 6 rimasto alla festa? c siamo divertiti! :-)
3	6 80 fame! nn t aspetto x cenare A + tardi!

b Detta al compagno/alla compagna i tuoi messaggini.

8 La salute innanzitutto

In this unit you will learn to give instructions and advice in the context of health, wellbeing, sports and fitness. You will also learn how to express symptoms of illness. This will involve a revision of the imperative and the use of the present conditional.

1 Il corpo

 Osserva la figura e abbina le parole nel riquadro alla parte del corpo corrispondente.

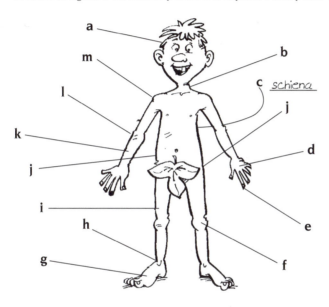

c _schiena_

gomito	
vita	
dito	collo
	caviglia
mano	gamba
braccio	
ginocchio	
	testa
~~schiena~~	
	spalla
piede	

Plurali irregolari

Attenzione ai plurali irregolari!

Singolare	Plurale
il braccio	le braccia
il ginocchio	le ginocchia
il dito	le dita
il labbro	le labbra

In queste espressioni le parole per le parti del corpo sono usate in senso figurato.

avere la testa tra le nuvole	to have your head in the clouds
essere in gamba	to be smart
mettere in ginocchio	to bring somebody to his knees
dare una mano	to give a hand/help out
accogliere qualcuno a braccia aperte	to welcome somebody with open arms

2 Mi fa male!

 a Ascolta e indica a quale figura si riferisce ciascun dialogo.

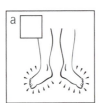   

 b Riascolta i dialoghi e completa.

i Mi _____ male le ginocchia.

ii Mi _____ male la schiena.

iii Mi _____ male la testa.

iv Mi _____ male i piedi.

---

grammatica

Mi fa/fanno male

Mi fa male la gola.   I've a sore throat. (lit. My throat hurts me.)
Mi fanno male i denti.   I've toothache. (lit. My teeth hurt me.)

Mi fa male + singular noun   **Mi fanno male** + plural noun

---

3 Che cos'hai?

 Scegli l'espressione giusta tra quelle elencate e scrivi che cosa dicono.

essere raffreddato   essere stressato   avere la febbre
essere depresso   avere mal di gola   avere mal di stomaco

Sono raffreddato.   _____   _____

_____   _____   _____

4 Mi sento male

a Ascolta e completa la scheda.

Disturbi	Consigli

b Ora leggi il dialogo e sottolinea le forme che si usano per dare consigli.

Anna   Oggi mi sento proprio male.

Paolo   Che cos'hai?

Anna   Non lo so, penso di avere la febbre. Ho un terribile raffreddore già da una settimana e ora mi fa anche male la gola.

Paolo   Perché non torni a casa così ti riposi un po'? Mangia qualcosa, prendi un'aspirina e poi dormi più che puoi. Cerca di prendere anche un po' di vitamina C per qualche settimana e non uscire almeno fino a domani.

Anna   Va bene, ci provo. Spero di stare meglio domani così posso venire per la lezione di tedesco. Ci sentiamo.

Paolo   Ti chiamo stasera. Stammi bene!

5 Dare consigli

Immagina di lavorare nella palestra dell'università. Prova a dare dei consigli alle persone dell'esercizio 3 (tuoi colleghi). Usa l'imperativo informale.

grammatica

<u>Imperativo informale (tu/voi)</u>

	torn**are**	prend**ere**	dorm**ire**
tu	torn**a**	prend**i**	dorm**i**
voi	torn**ate**	prend**ete**	dorm**ite**

L'imperativo negativo per la seconda persona singolare (tu) = <u>non</u> + infinito.

Non fumare, Marisa.   Don't smoke, Marisa.

L'imperativo negativo per la seconda persona plurale (voi) = <u>non</u> + imperativo.

Non fumate, ragazzi.   Don't smoke, kids.

6 Parla il medico

Abbina i consigli del medico ai sintomi dei pazienti.

Pazienti

1 'Ho una tosse terribile da alcune settimane.'

2 'Ho sempre mal di stomaco.'

3 'Sono molto stressato e depresso.'

Medico

a Faccia una radiografia ai polmoni.
b Non beva alcolici.
c Vada in vacanza per almeno una settimana.
d Non fumi più di tre sigarette al giorno.
e Dorma almeno 8 ore al giorno.
f Mangi cibi leggeri e molta frutta e verdura.
g Prenda le medicine che le prescrivo.

grammatica

Imperativo formale (Lei/Loro)

	torn**are**	prend**ere**	dorm**ire**
Lei	torn**i**	prend**a**	dorm**a**
Loro	torn**ino**	prend**ano**	dorm**ano**

L'imperativo negativo = **non** + imperativo.
Non fumi, signorina.   Don't smoke, young lady.

7 Tocca a te

a Immagina di essere un medico. Che cosa potresti consigliare a questi pazienti? Usa l'imperativo formale.

i _____

_____

ii _____

_____

iii _____

_____

b Ora immaginate di essere al Pronto Soccorso (Casualty). Tu sei il medico e il compagno/la compagna è un paziente che ha bisogno del tuo aiuto. Poi scambiatevi i ruoli.

8 Essere in forma

 a Leggi la lettera di Lucilla al nutrizionista della rivista Starbene e riassumi in poche parole qual è il suo problema.

 b Ora leggi la risposta del nutrizionista ed elenca i consigli più importanti dati a Lucilla.

 c Rileggi la lettera di risposta, sottolinea le forme usate per consigli e suggerimenti ed elencale.

Cerca di + infinito

L'attività fisica non è il mio forte e ho l'impressione che la pigrizia faciliti il mio aumento di peso. Sto infatti ingrassando molto velocemente, anche di mezzo chilo al giorno. Com'è possibile? E come fare per invertire questa tendenza?
(Lucilla, 25 anni)

Capita a molte donne di passare periodi "critici" per il peso, che sembra salire vertiginosamente anche se non si ha l'impressione di mangiare più del solito. In questi casi però, la parola d'ordine è: sdrammatizzare. Se ci ragioni, ti renderai conto che ingrassare di mezzo chilo al giorno è impossibile, anche se, tra pranzo e cena, mangiassi 3600 calorie, quasi il triplo del minimo necessario (1300 circa). Per accumulare anche solo 100 grammi di grasso, ci vogliono invece ben più di 1000 calorie in eccesso. L'aumento di peso non è direttamente proporzionale al numero delle calorie ingerite, ma dipende da molti fattori. Se la bilancia sale, probabilmente è perché l'intestino deve ancora "smaltire" ciò che hai ingerito, per esempio i liquidi accumulati in una cena molto saporita. Per verificarlo, ti dovresti pesare una sola volta alla settimana e dopo un mese confrontare peso iniziale e finale. Nel frattempo, cerca di fare così.

Prova a fare un po' di moto ogni giorno: cammina mezz'ora all'aperto, sali le scale a piedi, evita l'auto. "Convincerai" il tuo organismo a essere più attivo in tutte le sue funzioni.

Cerca di bere un paio di litri d'acqua al giorno. L'acqua lava gli organi interni, depura il sangue e disintossica.

Per un giorno alla settimana dovresti mangiare solo yoghurt magro (4–5 tazze); insalata valeriana condita con poco olio; due panini; brodo; kiwi. L'intestino te ne sarà grato. Se poi, alla fine del mese, scoprirai che il tuo peso è veramente cresciuto, allora dovresti prendere in considerazione l'idea di affrontare una dieta vera e propria.

(Da: *STARBENE*, febbraio 2004)

9 Ecco cosa fare

a A coppie scambiatevi consigli per mantenervi sempre in forma.

b Ora ascolta i consigli del Dott. Auriemma e completa.

i _____ dieci minuti prima la mattina e dedicate questo tempo a qualche esercizio per tenervi in forma.

ii _____ quando siete a tavola: attenzione agli eccessi.

iii Non _____ con le gambe accavallate, altrimenti non favorite la circolazione linfatica.

iv Non _____ ogni giorno, _____ al massimo una volta alla settimana.

v _____ il vostro corpo, dategli il tempo di abituarsi alle novità quando decidete di cambiare stile di vita.

c Immagina di essere il Dott. Auriemma che dà i suggerimenti per tenersi in forma ad un amico. Riscrivi le frasi nella forma del **tu**.

Alzati ... e dedica ... per tenerti ...

10 Non si muova!

Guarda la vignetta. Con un compagno/una compagna discuti la posizione dei pronomi nell'imperativo formale e confrontala con quella nell'imperativo informale.

Si stenda qui, si rilassi e non si muova.

11 Pratichi qualche sport?

a Abbina lo sport alla definizione giusta.

Giocare a …

1 calcio

a Gioco da disputarsi tra 2 o 4 giocatori che si rimandano una palla per mezzo di racchette in un campo rettangolare diviso a metà da una rete.

2 pallacanestro

b Gioco che si svolge tra due squadre di 11 giocatori ciascuna, che si contendono un pallone cercando di farlo entrare nella porta avversaria senza mai toccarlo con le mani.

3 pallavolo

c Sport in cui 2 squadre con 5 giocatori ciascuna che cercano di lanciare con le mani la palla in un canestro posto in alto all'estremità del campo avversario.

4 cricket

d Sport che si gioca in 2 squadre di 11 giocatori con una palla lanciata e ribattuta mediante una mazza.

5 tennis

e Sport praticato da 2 squadre, di 6 giocatori ciascuna, su un campo diviso a metà da una rete sospesa a un'altezza di circa 2 metri e mezzo da terra; le 2 squadre devono rinviarsi la palla con le mani senza che questa tocchi terra.

b Quali altri sport conosci? Elencali.

c E tu pratichi qualche sport? Quale preferisci? Perché? Vai mai allo stadio? Sei tifoso di una squadra in particolare? Parlane con un compagno.

d Fa' un sondaggio in classe e scopri chi tra i tuoi compagni è il più sportivo.

Nome	Sport	Quando	Dove	Con chi

12 La medicina alternativa

 Ascolta le opinioni di
Francesco e Antonella.
Prendi appunti.

Francesco	Antonella

13 Medicina olistica

a Leggi l'articolo a lato e rispondi alle domande.

   i Che cosa pensano i medici tradizionali della medicina alternativa?

   _____

   ii Che cos'è l'olismo?

   _____

   iii Che ruolo ha l'individuo per la medicina olistica?

   _____

   iv Qual è la differenza fondamentale tra l'approccio della medicina tradizionale e di quella olistica?

   _____

b Riassumi l'articolo in inglese per un amico che non conosce l'italiano.

La medicina alternativa è l'insieme dei metodi non convenzionali di affrontare i problemi riguardanti la salute e il benessere psicofisico, oggi sempre più ritenuti complementari alla medicina occidentale convenzionale. Sebbene alcune di queste tecniche abbiano ottenuto ampi riconoscimenti e approvazione da parte dei medici tradizionali e del grande pubblico, molte altre sono ancora viste con sospetto e in alcuni casi con dichiarata ostilità da parte della classe medica ufficiale.

Medicina olistica

Il termine olistico deriva dalla parola greca holós, che significa "intero". L'olismo è una filosofia che considera l'organismo nella sua interezza piuttosto che nelle singole parti che lo compongono. In questo modo, secondo la medicina olistica, si cerca di mettere in armonia le dimensioni emotive, sociali, fisiche e spirituali della persona per stimolare il processo di guarigione del paziente. La medicina olistica valorizza, pertanto, l'interazione tra il corpo e lo spirito, che, secondo l'olismo, è ciò che ci indirizza nella vita e ci conferisce un senso di felicità interiore. Sottolinea, inoltre, la responsabilità dell'individuo nel mantenimento del proprio benessere e della propria salute, nella prevenzione e nella guarigione delle malattie. La medicina tradizionale mette in evidenza l'importanza dei fattori patologici (batteri, virus, agenti ambientali) come causa di malattia (eziologia). La medicina olistica sostiene che la diminuita resistenza causata dalle cattive abitudini e dallo stress, sia fisico che psichico, predispone il soggetto alla malattia. La malattia, quindi, è vista come uno squilibrio tra fattori sociali, personali ed economici, da un lato, e cause biologiche, dall'altro. Paavo Airola, uno dei maggiori sostenitori della medicina olistica, annovera fra questi fattori stressanti la paura, le preoccupazioni, le tensioni emotive, i veleni esogeni provenienti dall'aria, dal cibo e dall'acqua inquinati, dai farmaci tossici, dall'eccesso di alcolici e di grassi alimentari, e dalla carenza di esercizio fisico, di riposo e di rilassamento. Per quanto riguarda la prevenzione, la medicina olistica sostiene la necessità di stabilire e mantenere un equilibrio tra l'individuo e l'ambiente.

L'impostazione della medicina olistica, che considera e cura la persona nella sua interezza, si contrappone all'approccio meccanicistico della medicina tradizionale, secondo la quale il corpo è visto come un insieme di diverse parti, curate separatamente l'una dall'altra, mentre non vengono presi in considerazione gli aspetti emotivi e spirituali della salute e della guarigione.

www.italysoft.com/curios/medicina-alternativa

Grammatica

- ● **The imperative**

  The *imperative* is used to express an order, a suggestion, an invitation or a request.

Vieni subito qui.	Come here at once.
Dormi di più. Ti sentirai meglio.	Sleep more! You will feel better.
Venga a trovarci.	Come to visit us.
Per favore, passami il sale.	Pass me the salt please.

  For the imperative of regular and irregular verbs, see Grammatica pp. 158–61.

- ● **Imperative with pronouns**

  The imperative with pronouns is formed in the following way:

  - imperative (**tu** and **voi** forms) + pronoun → to form one word
    Bevilo! Drink it!   **Compratelo!**   Buy it!

  - pronoun + imperative (**Lei** and **Loro** forms)
    Lo ascolti.   Listen to him.   **Glielo dica.**   Tell him/her.

- ● **Negative imperative**

  The negative imperative is formed using **non** + imperative.

Non tornate tardi.	Don't return late.
Non fumi.	Do not smoke.

  But note that the **tu** form is **non** + infinitive: **Non correre!** Don't run!

- ● **Negative imperative with pronouns**

  The negative imperative with pronoun is formed using:

  - **non** + imperative + pronoun (**voi** form)
    Non chiamatelo!   Don't call him!

  - **non** + pronoun + imperative (**Lei** and **Loro** forms)
    Non si preoccupi!   Don't worry!

  The **tu** form is **non** + infinitive (without the final **-e**) + pronoun: **Non mangiarlo!** Don't eat it!

- ● **Advice and suggestions**   For the present conditional of **dovere** see Grammatica p. 162.

Cerca di + infinitive	**Cerca di bere molta acqua.** Try to drink lots of water.
Prova a + infinitive	**Prova a dormire di più.** Try to sleep more.
Dovresti + infinitive	**Dovresti mangiare molta frutta.** You should eat lots of fruit.

- ● **Modal verbs with pronouns**

  When **dovere**, **volere**, **potere**, and **sapere** are used with a pronoun there are two possible constructions.

  Ti dovresti riposare un po'. or **Dovresti riposarti un po'.** You should take some rest.

  Mi potresti prestare questo CD? or **Potresti prestarmi questo CD?**
  Could you lend me this CD?

Esercizi di grammatica

1 Scrivi le forme dell'imperativo.

infinito	tu	voi	Lei
a studiare	*studia*	*studiate*	*studi*
b lavorare	_____	_____	_____
c svegliarsi	_____	_____	_____
d alzarsi	_____	_____	_____
e fare colazione	_____	_____	_____
f decidersi	_____	_____	_____
g dire la verità	_____	_____	_____

2 Trasforma all'imperativo negativo.   **a** *non studiare, non studiate, non studi*

3 Leggi e completa questa ricetta dietetica coniugando i verbi tra parentesi all'imperativo (seconda persona plurale).

Stufato di tonno

Ingredienti per quattro persone: 1 fetta di tonno (400g), 1 cipolla, 1 cucchiaio di capperi, 1 cucchiaio d'olio, 1 foglia di alloro, 1 cucchiaio di concentrato di pomodoro, 1 dl di vino bianco, sale.

a *Scaldate* (Scaldare) l'olio in una casseruola, **b** _____ (unire) la cipolla, la foglia di alloro e i capperi e **c** _____ (lasciare) appassire a fiamma bassa. **d** _____ (Alzare) leggermente la fiamma, **e** _____ (aggiungere) il tonno, poi **f** _____ (versare) il vino e **g** _____ (lasciarlo) evaporare; **h** _____ (aggiungere) il concentrato di pomodoro diluito in un mestolo d'acqua, **i** _____ (abbassare) la fiamma e **j** _____ (finire) la cottura per altri 10 minuti.

Valori per porzione: proteine 21g; lipidi 13g; glucidi 0,5g; ferro 1,3mg; calcio 38mg; calorie 200.

4 Da' ad un amico i consigli che seguono. Usa **cerca di** + infinito, **prova a** + infinito, **dovresti** + infinito.
andare dal medico   *Cerca di andare dal medico. Prova a andare dal medico.*
                     Dovresti andare dal medico.
   a prendere un'aspirina   **d** non lavorare troppo
   b evitare caffè e alcolici   **e** bere una camomilla
   c smettere di fumare

5 Trasforma le frasi cambiando la posizione del pronome.

Mi puoi prestare il telefonino? *Puoi prestarmi il telefonino?*
   a Mi vuoi dire la verità?   **d** Gli voglio dare una lezione.
   b Vi dovete svegliare presto domani.   **e** Ci potete fare un favore?
   c Ti vorrei dedicare una poesia.

Glossario

Esercizio 1

testa (*f*)	head
schiena (*f*)	back
piede (*m*)	foot
gomito (*m*)	elbow
braccio (*m*)	arm
collo (*m*)	neck
mano (*f*)	hand
vita (*f*)	waist
ginocchio (*m*)	knee
gamba (*f*)	leg
spalla (*f*)	shoulder
caviglia (*f*)	ankle
dito (*m*)	finger

Esercizio 3

essere raffreddato	to have a cold
avere la febbre	to have a temperature
essere stressato	to be stressed
avere mal di gola	to have a sore throat
avere mal di stomaco	to have a stomach ache
essere depresso	to be depressed

Esercizio 4

sentirsi male	to feel bad
avere il raffreddore	to have a cold

Esercizio 6

radiografia (*f*)	x-ray
polmoni (*mpl*)	lungs

Esercizio 8

pigrizia (*f*)	laziness
aumentare di peso, ingrassare	to put on weight
bilancia (*f*)	scales
pesarsi	to weigh oneself
fare moto	to exercise
depurare	to detox
sangue (*m*)	blood

Esercizio 9

tenersi in forma	to keep fit
circolazione linfatica (*f*)	lymphatic circulation
abituarsi	to get used to

Esercizio 11

pallacanestro (*m*)	basketball
giocatori (*m pl*)	players
campo (*m*)	sports ground/field
tifoso (*m*)	fan

Extra!

ostilità (*f*)	hostility
intero	whole
guarigione (*f*)	recovery
prevenzione (*f*)	prevention
cattive abitudini (*f pl*)	bad habits
collaterali (effetti)	side (effects)
predisporre	to prepare
squilibrio (*m*)	imbalance

Esercizi di grammatica

tonno (*m*)	tuna
cipolla (*f*)	onion
capperi (*mpl*)	capers
alloro (*m*)	bay leaves
casseruola (*f*)	saucepan
alzare/abbassare la fiamma	to raise/lower the flame
evaporare	to evaporate

Ancora un po' di pratica

radicali liberi (*mpl*)	free radicals
invecchiamento (*m*)	ageing
in scatola	tinned
residuo	residual
mirtillo (*m*)	blueberry
anguria (*f*)	watermelon
sistema urinario (*m*)	urinary tract
gara sportiva (*f*)	sports competition
cappellino (*m*)	small hat
rughe (*fpl*)	wrinkles
pelle (*f*)	skin
russare	to snore
cronico	chronic
sporadico	sporadic
evidenziare	to highlight
prevenire	to prevent
respirazione (*f*)	breathing
migliorare	to improve

Lavoro di coppia

1 Vorrei dimagrire

Vuoi dimagrire, ma non ci riesci. Chiedi consigli al tuo amico che è riuscito a perdere 5 chili in un mese.

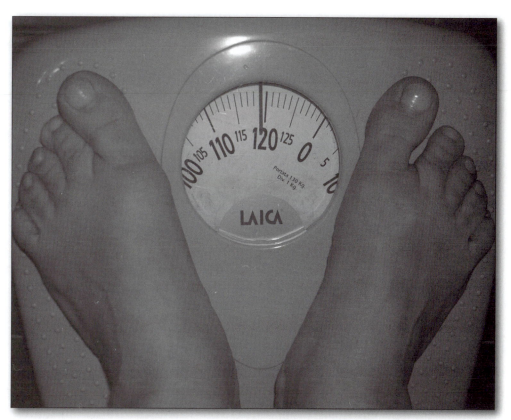

2 Terapie complementari

Guarda il sito www.italysoft.com/curios/medicina-alternativa per informazioni sulle varie terapie complementari. Quale conosci già? Ti piacerebbe provarne qualcuna? Discutine con il compagno/la compagna.

Lavoro di coppia

1 Vorresti dimagrire?

Sei in piena forma dopo aver perso 5 chili in poche settimane. Un amico non riesce dimagrire, cerca di aiutarlo dandogli qualche consiglio.

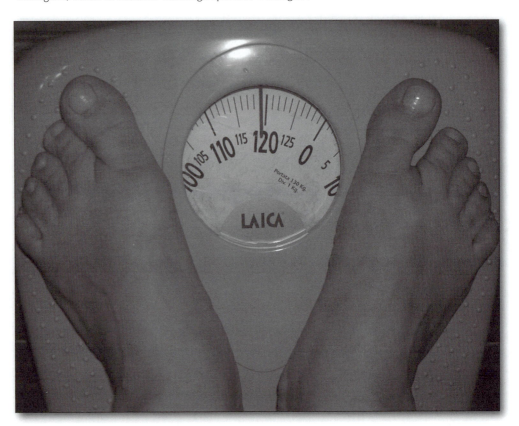

2 Terapie complementari

Guarda il sito www.italysoft.com/curios/medicina-alternativa per informazioni sulle varie terapie complementari. Quale conosci già? Ti piacerebbe provarne qualcuna? Discutine con il compagno/la compagna.

9 Che sarà, sarà …!

This unit focuses on the language needed to talk about future plans and projects. You will also learn to make predictions about future events, such as your future life and the weather.

1 Io andrò in Islanda …

a Abbina le parole ed espressioni alle definizioni.

1	alloggio	**a**	un posto dove dormire
2	essere completamente al verde	**b**	mettere soldi da parte
3	risparmiare	**c**	un libretto che contiene informazioni relative a una scuola, un corso, ecc.
4	i dintorni	**d**	molti soldi, una fortuna
5	lunare	**e**	un incontro con un possibile datore di lavoro nel quale il candidato viene giudicato idoneo o no per un lavoro
6	cartelloni pubblicitari	**f**	essere senza soldi
7	un bacino	**g**	tabelloni che fanno pubblicità a un prodotto o servizio
8	un occhio della testa	**h**	la periferia
9	un colloquio	**i**	tipico della luna
10	un opuscolo	**j**	un deposito d'acqua

b Ascolta Manuela, Giancarlo e Ingrid che parlano dei loro progetti per l'estate. Rispondi alle domande.

   i   Quali sono i piani di Giancarlo? Qual è il suo problema principale?

   ii   Dove vanno Lino e Raffaela, gli amici di Manuela, la settimana prossima e perché?

 iii Che consiglio dà Manuela a Giancarlo?

  iv Che progetti ha Manuela per l'estate?

   v   Come intende viaggiare?

  vi Che cosa vuol fare Ingrid?

 vii Che tipo di lavoro ha trovato a Bromley e in che cosa consiste?

viii Che cosa propone alle sue amiche per stasera Giancarlo?

  ix Che cosa offre Giancarlo a Ingrid?

2 Sarà una vacanza fantastica!

 a Ora leggi la trascrizione di una parte della registrazione precedente e completa gli spazi con le parole elencate.

> farò   viaggeremo   andrò   sarà   faremo   sarà   sentirò   farai

Giancarlo   Manuela, cosa **a** _____ quest'estate?

Manuela   Io ho deciso molto tempo fa di andare a trovare la mia amica Chica in Brasile. Pensa, ho comprato il biglietto d'aereo per Rio de Janeiro in febbraio. Parto il 7 luglio e ritorno alla fine di agosto. Quello che **b** _____ una volta arrivata a Rio, non so proprio. **c** _____ tutto da inventare. Forse **d** _____ con la mia amica a São Luis, nello stato di Maranhão, dove lei è nata, ma non abbiamo ancora finalizzato le cose.

Giancarlo   Fortunata te! **e** _____ una vacanza fantastica!

Manuela   Sicuramente, ma non rilassante, ti assicuro. Le distanze in Brasile sono enormi e noi probabilmente **f** _____ in pullman, che è il mezzo più economico, quindi ci **g** _____ ore e ore di pullman, voglio dire 50 e più, quindi puoi immaginare quanto stanca mi **h** _____ al mio ritorno …

 b Ora ascolta di nuovo il dialogo e controlla.

3 Il futuro

Completa la tabella dei verbi al futuro con le forme mancanti.

	viaggiare	vendere	sentire	fare	essere
io	viaggerò	venderò			sarò
tu			sentirai		sarai
lui/lei/Lei		venderà		farà	
noi	viaggeremo		sentiremo		saremo
voi				farete	sarete
loro		venderanno		faranno	saranno

grammatica

Il futuro

Come in inglese, in italiano si usa il futuro per descrivere azioni ed eventi futuri.

Al mio ritorno stasera comprerò il giornale. (immediato futuro)

When I come back tonight, I'll buy the paper.

Fra trent'anni dipenderemo in molte cose dai robot. (futuro lontano)

In thirty years from now we'll depend on robots for many things.

4 È arrivato il video-telefono da casa

a Leggi quello che dice Riccardo Ruggero, responsabile della rete fissa Telecom, sulla sua ultima creazione, il video-telefono da casa. Completa gli spazi con il futuro dei verbi tra parentesi.

"Si tratta, a tutti gli effetti, di un piccolo computer. E quindi **a** _____ (essere) in grado di svolgere molte attività. Ad esempio, **b** _____ (servire) per fare sia gli Sms che gli Mms, **c** _____ (mandare) cioè messaggi con fotografie e piccoli video, esattamente come i cellulari. Inoltre **d** _____ (potere) servire a spedire e ricevere e-mail e **e** _____ (potere) anche inviare e ricevere fax. In sostanza, possiamo dire che con questo oggetto il vecchio telefono, quello che abbiamo conosciuto tutti, **f** _____ (morire) e al suo posto **g** _____ (arrivare) questa centrale di comunicazioni con funzionalità video. Dentro, naturalmente **h** _____ (esserci) anche la rubrica dei numeri telefonici. **i** _____ (bastare) richiamare un nome e poi pigiare un tasto, il numero **j** _____ (comporsi) da solo. Gli usi **k** _____ (potere) essere molti e svariati."

b Immagina le innovazioni tecnologiche dei prossimi 30 anni. Come cambieranno la nostra vita? Discuti con un compagno/una compagna.

5 E lei invece dovrà per forza lavorare ...

Ascolta un'altra parte della registrazione dell'esercizio 1b e trascrivi qui sotto i progetti che ti sembrano già definiti e quelli che invece ti sembrano ancora in dubbio.

Progetti che sono **decisi e stabiliti**	Progetti che sono ancora **incerti, in dubbio**
parte non appena finiscono le lezioni	*ci rimarrà tutta l'estate, se le sarà possibile*
_____	_____
_____	_____

---

grammatica

<u>Il presente per esprimere il futuro</u>

Luisa <u>parte</u> per il mare non appena finiscono le lezioni. (l'azione è certa o quasi)
Luisa is leaving for the seaside as soon as classes have ended.

<u>Penso di andare</u> al mare in Sardegna quest'anno. (è soltanto un'intenzione)
I'm thinking of going to the seaside in Sardinia this year.

Susan <u>si cercherà</u> un lavoro estivo. (l'azione è in dubbio o soltanto probabile)
Susan will look for a summer job.

Il desiderio di fare qualcosa nel futuro si esprime con: **vorrei / mi piacerebbe** + infinito.

<u>Vorrei / mi piacerebbe</u> migliorare il mio italiano.
I'd like to improve my Italian.

6 Futuro o presente?

Completa i due minidialoghi con il tempo appropriato del verbo tra parentesi.

A   Isabella, **a** _____ (andare) mai a studiare all'estero?
B   No, credo che non lo **b** _____ (fare) mai.

A   Quando **c** _____ (pensare) di sposarti?
B   Ah, lo abbiamo deciso proprio ieri. **d** _____ (sposarsi/noi) il 23 maggio.

7 Che cosa farai?

a   Ora intervista un compagno/una compagna sui suoi piani per i seguenti momenti nel futuro:

dopo la lezione   dopo la fine degli studi
domani sera   a Natale
la prossima domenica   tra 10 anni
durante le vacanze estive

b   Poi, in gruppi di quattro, scambiatevi le informazioni. Ci sono piani in comune nel gruppo?

8 Che tempo farà?

a   Abbina le descrizioni del tempo all'immagine corrispondente.

1   Piove / pioggia

2   Fa freddo

3   C'è il sole / Fa bel tempo / È sereno

4   Tromba d'aria

5   C'è nebbia

6   C'è vento

7   È nuvoloso / nubi

8   Fa caldo

9   Cielo nuvoloso con schiarite

10   Nevica / neve

11   Temporale

a

b   **c**   **d**

e   **f**

g

h   **i**

j   **k**

b Ascolta le previsioni del tempo per sabato e domenica e decidi a quale giorno si riferisce la cartina.

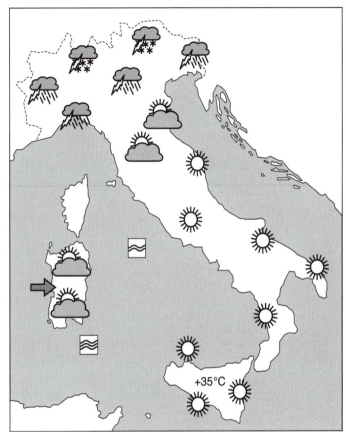

Mari: calmi
mossi
agitati

+35°C

 c Ascolta nuovamente le previsioni meteo e compila la scheda.

	Nord	**Centro e Sardegna**	**Sud e Sicilia**	**Mari**
Sabato				
Domenica				

 d Il tuo amico Giorgio vuole passare questo fine settimana al sole. In base alle previsioni del tempo che hai appena ascoltato, dagli un consiglio su dove andare.

 e Controlla il sito www.meteolive.it/meteo/CartinePrevisione/ e, in base alle previsioni date, scrivi a un amico/un'amica che andrà in Italia nei prossimi tre giorni dandogli/le informazioni sul tempo. Aggiungi anche dei consigli su che cosa mettere in valigia.

9 I consigli delle stelle

 a Ascolta Lucio, Valeria, Sonia ed Emiliano che raccontano la loro visita a una chiromante. Poi guarda gli oroscopi qui sotto e abbina il segno dello zodiaco che corrisponde a ciascuna persona. Attenzione ci sono 2 segni in più!

---

1 Sagittario   23/11–21/12

Buone premesse per il futuro nell'ambito della vita sentimentale, mostratevi però più assidui e disponibili. Nel lavoro seguite il vostro intuito: state per iniziare qualcosa di nuovo e gratificante. La situazione finanziaria si sta stabilizzando. Nella salute non trascurate i sintomi e iniziate una dieta.

2 Cancro   21/6–22/7

Momento propizio per rinsaldare i legami sentimentali, chiarire eventuali malintesi e per fare progetti. In compagnia raccoglierete simpatie e potrete fare nuove amicizie. Nel lavoro dovrete impegnarvi con buona volontà ed essere precisi e attenti per realizzare i vostri obiettivi.

3 Ariete   21/3–20/4

Non sarà una settimana particolarmente fortunata: raggiungerete le mete prefissate, ma a costo di sacrifici. Il lavoro andrà a rilento, ma perseverando riuscirete nel vostro scopo. La Luna consiglia di fare attenzione alla salute. Vita sentimentale: farete un incontro promettente.

4 Toro 21/4–20/5

Fase di grande passionalità: attenti a non essere troppo possessivi con la persona amata e a non suscitare gelosie. Alcuni di voi potranno fare progetti per un futuro a due. In compagnia avrete successo e potrete fare nuove amicizie. Nel lavoro cogliete al volo le occasioni che vi capitano.

5 Gemelli 21/5–20/6

Avrete rapporti affettivi molto affiatati, ma dovrete impegnarvi se volete consolidarli. Aumenta il vostro desiderio di viaggiare, ma anche di convivenza familiare. Nel lavoro: sarete spronati a fare meglio e di più, quindi realizzerete molti progetti. Cercate di non disperdervi. Molto buona la situazione finanziaria.

6 Leone   23/7–23/8

Sarete intraprendenti e sicuri di voi stessi, ma non è comunque il caso di forzare le situazioni, siate più spontanei. Con amici e conoscenti moderate la vostra voglia di dominare a tutti i costi. Successo personale e approvazioni gratificanti. Marte favorisce la buona riuscita nel lavoro.

---

b Ora ascolta un'altra volta e decidi chi è scettico e chi invece crede agli oroscopi.

c Leggi l'oroscopo qui sotto e metti i verbi fra parentesi al futuro.
Domani **a** _____ (essere) una giornata fortunata per te. **b** _____ (ricevere/tu) una lettera da una persona cara che non senti da molto tempo. Al lavoro tutto **c** _____ (andare) molto bene e i tuoi superiori **d** _____ (congratularsi) con te e ti **e** _____ (offrire) una promozione. Questo **f** _____ (significare) anche un notevole aumento di stipendio. Per finire, al ritorno dal lavoro, **g** _____ (fare/tu) un incontro romantico che **h** _____ (cambiare) per sempre la tua vita.

Extra!

10 Notizie in breve

Ascolta il notiziario e prendi appunti per ciascuna notizia nella tabella.

1	2
3	4

11 Stelle cadenti

Leggi questo estratto e rispondi alle domande.

(ANSA) ROMA, 9 AGO Città inquinate 'bandite' per la Notte di San Lorenzo, la più famosa pioggia di stelle d'estate. Anche quest'anno per assistere in prima fila al consueto spettacolo stellare bisognerà rifugiarsi in campagna o montagna a causa del drastico aumento dello smog e dell'inquinamento luminoso che, ormai, nei centri urbani mette a serio rischio l'avvistamento delle stelle cadenti. Fuori città sarà possibile vederne anche un centinaio in 30 minuti.

i Che cosa succede il 9 agosto, ovvero durante la notte di San Lorenzo?

ii Dove ci consiglia di andare il giornalista e perché?

iii Che cosa potremo vedere in 30 minuti?

12 Vacanze insieme

Scrivi ad un amico/un'amica e cerca di convincerlo/la a fare una vacanza con te nel prossimo futuro. Usa il maggior numero possibile di verbi al futuro.

Cara Daniela,

perché non vieni con me in _____ l'anno prossimo? Potremo visitare

Grammatica

- **Futuro**

Use In Italian the *futuro* is used to describe future events, regardless of whether they occur in the near or distant future.

Tra un paio d'ore tornerò a casa.   In a couple of hours I'll come home.
A Pasqua andrò in Sicilia.   At Easter I'll go to Sicily.

Formation The *futuro* is formed with the verb stem + the future tense endings for each verb conjugation: **-erò / -erò / -irò** etc. For irregular forms see Grammatica p. 162.

parlare	vendere	finire
parl-	vend-	fin-
parl*erò*	vend*erò*	fin*irò*
parl*erai*	vend*erai*	fin*irai*
parl*erà*	vend*erà*	fin*irà*
parl*eremo*	vend*eremo*	fin*iremo*
parl*erete*	vend*erete*	fin*irete*
parl*eranno*	vend*eranno*	fin*iranno*

Other uses The future tense is also used to express suppositions, probability and approximation.

'Chi sarà che telefona a quest'ora?' 'Mah, sarà Giovanni.'
'I wonder who might be ringing at this time.' 'I don't know, Giovanni, I think.'

'Quanti anni ha Giulia?' 'Giulia? Avrà più o meno 20 anni.'
'How old is Giulia?' 'Giulia? She must/will be about 20.'

'Che ore sono?' 'Non sono certa, ma saranno le 6.'
'What time is it?' 'I'm not sure, but it must be about 6 o'clock.'

The future tense is also used after **se** or a conjunction of time in the future, even when in English the present tense is used.

Se arriveremo presto, ti telefoneremo immediatamente.
If we arrive early, we'll ring you immediately.

Remember the future can also be expressed with the present tense, especially when a high degree of certainty is implied.

Sabato vado a Roma.   On Saturday I'm going to Rome.

Where there is little certainty about a future event, the following expressions can be used: **penso di** + infinitive and **forse** + present tense.

Penso di fare un corso d'informatica a ottobre.
Forse faccio un corso d'informatica a ottobre.
Possibly, I'll do a computer course in October.

Esercizi di grammatica

1 Trasforma le frasi seguenti al futuro.

a In questi giorni parlo al telefono con mia madre almeno una volta al giorno perché la linea telefonica è gratis.

Il mese prossimo *parlerò* con mia madre almeno una volta al giorno perché la linea telefonica _____ gratis.

b Giulia studia scienze politiche all'Università di Padova, ma abita con i genitori a Verona.
L'anno prossimo _____ .

c Stasera rimango a casa e mi leggo un bel libro.
Domani sera _____ .

d Sono sicura che il professore vuole sapere perché non sono andata a lezione.
Sono sicura che domani _____ .

e Quando arriviamo, ci beviamo una birra.
Quando _____ .

2 Scrivi le domande per le seguenti affermazioni.

a *Dove andrai in vacanza quest'estate?*
Quest'estate andrò in vacanza in Sardegna.

b _____ ?
L'anno prossimo Giorgio compirà 18 anni.

c _____ ?
Mah, non ho idea, ma penso che avranno Marco 10 e Anna 12 anni circa.

d _____ ?
Non so, sarà Gigi che si è dimenticato le chiavi.

e _____ ?
Quando sarò grande, farò la domatrice di leoni al Circo Orfei e viaggerò per il mondo.

3 Giulia ha deciso di andare da una chiromante per farsi leggere la mano. Ecco che cosa le dice la Maga Celeste. Scegli la forma del verbo corretta tra quelle indicate.

"Che vita interessante! La linea dell'amore è lunghissima e indica che presto
a conoscerai/conoscerebbe l'uomo della tua vita. Lo **b** frequenterei/frequenterai per qualche settimana soltanto e poi lo **c** sceglierà/sceglierai come compagno di sogni e di avventure. Anche lui ti **d** vorrà/vorrai molto bene e insieme **e** avreste/avrete una vita molto interessante anche se non sempre facile. Sì, perché lui **f** ameremo/amerà anche altre donne e tu ti **g** sentirai/sentiresti molto gelosa, ma **h** rimarrai/rimarrete sempre con lui. Non **i** avreste/avrete figli, ma **j** vivrete/viverete ugualmente felici. Anche sul lavoro **k** avrai/avevi molto successo. **l** Saresti/sarai rispettata e amata sia dai colleghi che dai tuoi superiori. Questo ti **m** porteresti/porterà anche una buona dose di successo economico".

Glossario

Esercizio 1

datore di lavoro (m)	employer
idoneo	suitable
tabellone (m)	hoarding, billboard
luna (f)	moon
piano (m)	plan (floor)
consiglio (m)	advice
proporre	to suggest
promettere	to promise
essere al verde	to be penniless
pullman (m)	coach
contabilità (f)	accounting, book-keeping
opuscolo (m)	booklet, brochure
valigia (f)	suitcase

Esercizio 3

centrale (f)	exchange, centre
rubrica (f)	index
pigiare	to press
tasto (m)	key, button
comporre	to dial
svariato	various

Esercizio 5

per forza	willy-nilly

Esercizio 8

tromba d'aria (f)	whirlwind, tornado
temporale (m)	storm
previsioni (f pl)	forecast
nube (f)	cloud
vento (m)	wind
scirocco (m)	sirocco (wind)
mosso	rough
soffiare	to blow

Esercizio 9

chiromante (m/f)	fortune-teller
nell'ambito di	in the context of
intuito (m)	intuition
trascurare	to neglect
rinsaldare	to strengthen
legame (m)	bond, liaison
malinteso (m)	misunderstanding
impegnarsi	to work hard
realizzare	to achieve, to carry out
a rilento	slowly
riuscire	to succeed
scopo (m)	aim, objective
promettente	promising
al volo	quickly
affiatato	harmonious
convivenza (f)	living together
spronare	to urge on
disperdersi	to waste one's time
intraprendente	enterprising

stipendio (m)	salary
sfera (f) di cristallo	crystal ball
prevedibile	predictable
astro (m)	star
maga (f)	sorceress
predetto	predicted
esagerare	to exaggerate
pancetta (f)	potbelly

Extra!

discarica (f)	dumping ground
manifestante (m/f)	demonstrator
bandire	to ban
inquinamento (m)	pollution
erede (m/f)	heir
stella cadente (f)	shooting star
mettere a rischio	to put at risk
avvistare	to catch sight of

Esercizi di grammatica

frequentare	to associate with
scegliere	to choose

Lavoro di coppia

specchio (m)	mirror
brama (f)	desire, longing

Ancora un po' di pratica

scheggia (f)	sliver
grattacielo (m)	skyscraper
sorgere	to rise
riva (f)	bank
tentennamento (m)	hesitation
condominio (m)	block of flats
slanciato	slender
scomparire	to disappear
nave (f)	ship
nonostante	although
sostenere	to uphold, to maintain
edificio (m)	building
temere	to fear
sconvolgere	to upset
tutela (f)	protection
essere d'intralcio	to be an obstacle
veduta (f)	view
appoggiare	to back up
avviare	to set in motion
coinvolgere	to involve
società immobiliare (f)	estate agent's
affidare	to grant, entrust
sollevare obiezioni	to raise objections
accontentarsi	to settle with
puntare	to count on
circostante	surrounding
leggero	light

Lavoro di coppia

1 Che farai da grande?

a Chiedi al compagno/alla compagna di immaginare che cosa farà in questi momenti del futuro.

> dopo la lezione
> questo fine settimana
> la prossima estate
> per il suo prossimo compleanno
> tra 5 anni
> quando finirà la sua laurea
> quando compirà 40 anni

b E ora rispondi alle domande del compagno/della compagna con tutti i dettagli possibili e immaginabili.

2 'Specchio, specchio delle mie brame ...'

a Sei un famoso/una famosa chiromante e lo studente B ti chiede di fare delle predizioni sul suo futuro. Con l'aiuto della 'sfera di cristallo' (e della tua immaginazione) di' che cosa gli succederà per quanto riguarda:

> il lavoro
> l'amore
> la famiglia e la vita sociale
> la salute
> la situazione economica

Non dimenticare di dare anche dei buoni consigli.

b Ora scambiatevi i ruoli.

Lavoro di coppia

1 Che farai da grande?

a Rispondi alle domande del compagno/della compagna con tutti i dettagli possibili e immaginabili.

b Poi chiedi al compagno/alla compagna di usare la sua immaginazione e di raccontarti che cosa farà in questi momenti del futuro.

> questa sera
> sabato sera
> a Capodanno
> per il suo prossimo compleanno
> tra 5 anni
> quando incontrerà l'uomo/la donna dei suoi sogni
> quando avrà 80 anni

2 'Specchio, specchio delle mie brame ...'

a Chiedi allo studente A di fare delle predizioni sul tuo futuro per quanto riguarda:

> il lavoro
> l'amore
> la famiglia e la vita sociale
> la salute
> la situazione economica

b Ora scambiatevi i ruoli. Con l'aiuto della 'sfera di cristallo' (e della tua immaginazione) di' allo studente A che cosa gli succederà. Non dimenticare di dare anche dei buoni consigli.

10 Un anno all'estero

In this unit, you will learn about the Erasmus scheme and the experiences of some students taking part in it. You will also learn how to fill in an application form and to talk about living abroad.

1 Discussione

Lavora con altre 3 o 4 persone. Discutete quello che sapete sul progetto Erasmus.

2 Il progetto Erasmus

Leggi il brano e rispondi alle domande.

Erasmus è il nome del grande umanista olandese che ha insegnato in numerose Università europee, ma è anche l'acronimo (European Community Action Scheme for the Mobility of University Students) di un progetto che l'Unione Europea ha elaborato per lo sviluppo della cooperazione transnazionale. Tale progetto costituisce il mezzo attraverso il quale l'Unione Europea intende sostenere l'istruzione superiore e promuovere la mobilità e lo scambio degli studenti fra i Paesi membri della Comunità ed altri Stati convenzionati.

Il progetto Erasmus è destinato a studenti universitari iscritti almeno al secondo anno di studi e che abbiano superato tutti gli esami del primo. La Commissione Europea prevede un aiuto finanziario diretto agli studenti che effettuano un periodo di studio di almeno tre mesi ed al massimo di un anno accademico in un altro Paese partecipante.

Gli studenti selezionati, nel periodo che trascorrono presso l'Università ospitante, sono tenuti a svolgere l'attività didattica concordata prima della partenza (Learning Agreement) con il docente responsabile del progetto nell'istituto di appartenenza.

Le borse di studio dovrebbero essere destinate alla copertura dei costi di mobilità dello studio all'estero, quali spese di viaggio, preparazione linguistica e differenze di costo della vita; ma, in realtà, purtroppo, gli studenti trovano la borsa insufficiente a tale scopo.

Sono previste, inoltre, sovvenzioni alle varie università per attività relative alla dimensione europea, che possono comprendere l'organizzazione della mobilità degli studenti, la preparazione linguistica, aiuti aggiuntivi ai borsisti, ecc.

L'obiettivo del Progetto Erasmus è, quindi, quello di fornire agli studenti interessati la possibilità di una più approfondita dimensione europea degli studi, offrendo l'opportunità, inoltre, di vivere un'esperienza personale di vita in uno stato diverso dal proprio.

i Chi era Erasmus?
ii Quali sono gli obiettivi del progetto?
iii Chi può partecipare a tale progetto?
iv Quanto può durare il progetto?
v Che cosa devono fare gli studenti prima di partire?
vi A che cosa servono le borse di studio date agli studenti?
vii Quali sono i benefici che si possono trarre dal progetto?

3 Mi piacerebbe

Considera queste domande e discutile con un compagno/una compagna.

i   Ti piacerebbe partecipare al progetto Erasmus? Perché?

ii Dove ti piacerebbe andare? In quale paese? Perché?

iii Quali sono i vantaggi e gli svantaggi di un periodo di studio passato all'estero?

iv Che cosa ti mancherebbe del tuo paese?

grammatica

Useful expressions

Vorrei andare	I'd like to go
Mi piacerebbe studiare	I'd like to study
Secondo me	In my opinion
Sarebbe interessante	It would be interesting
Mi mancherebbe	I would miss (+ singular noun)
Mi mancherebbero	I would miss (+ plural noun)

4 Un colloquio

Ascolta il colloquio tra la Professoressa Balbina e una candidata ad una borsa di studio Erasmus. Completa il modulo a fronte.

MODULO

Ministero dell'Istruzione dell'Università di Trapani
Programma Socrates/Erasmus a.a. 2006/2007

DOMANDA DI PARTECIPAZIONE

Il/la sottoscritto/a

Cognome e nome **a** ....

Luogo di nascita **b** ....

Data di nascita **c** .... Comune di residenza **d** ....

Provincia **e** .... Via **f** ....

Tel. **g** .... Cellulare **h** ....

E-mail **i** ....

Corso/Scuola **j** .... Anno di corso **k** ....

chiede di partecipare all'assegnazione di una borsa di studio di mobilità nell'ambito del programma Socrates/Erasmus, a.a. 2006/2007, presso una delle sedi universitarie di seguito elencate:

Sede Ospitante (1) **l** ....

Sede Ospitante (2) **m** ....

Sede Ospitante (3) **n** ....

Mesi di permanenza **o** .... Periodo **p** ....

Lingue conosciute (elementare/intermedio/avanzato)

Lingua (1) **q** .... Livello **r** ....

Lingua (2) **s** .... Livello **t** ....

Lingua (3) **u** .... Livello **v** ....

* La presente domanda dovrà pervenire all'Ufficio Erasmus dell'Università di Trapani entro il giorno 30 aprile 2006.

Data **w** ..../........../............   Firma ....

5 **Sono contento, ma un po' nervoso ...**

 Ascolta questi studenti italiani che stanno per partire per un paese europeo con il progetto Erasmus, poi compila la scheda qui sotto.

	Anna	**Giorgio**
Dove e perché		
Per quanto tempo		
Cosa studieranno: attività didattiche concordate		
Speranze		
Paure		

6 Che avventura!

a Queste parole sono tratte dall'e-mail che Elena ha mandato alla sua amica Valentina (vedi esercizio 7). Dividile in tre categorie.

elevato   posto   non veder l'ora   adattarsi   livello   paese   prossimo

chiacchierata   appositamente   consolare   seguire   tener aggiornato

sensazione   lamentarsi   conciliare   riesco (riuscire) a   nonostante   finalmente

divertimento   sorriso   peggiore   festa

Parole che conosci	Parole che non conosci	Parole che pensi di conoscere, ma non ne sei sicuro/a

b Ora controlla il significato delle parole che non conosci o di cui non sei sicuro/a con un compagno/una compagna. Alla fine, controlla con l'insegnante o sul dizionario.

7 Sono a Londra

a Leggi la lettera scritta da una studentessa italiana dell'Erasmus a un'amica e segna le risposte corrette dell'esercizio a fronte.

A: valentina@tin.it

cc: _____

Oggetto: Londra

Ciao Valentina!

Finalmente trovo il tempo di scriverti e di raccontarti quello che mi succede. Qui va tutto abbastanza bene, anche se all'inizio è stato difficile inserirsi in uno stile di vita che è completamente diverso dal nostro. Sai che quando sono arrivata il mio livello d'inglese non era così elevato ed inoltre c'è sempre differenza tra studiare una lingua all'estero e studiarla nel paese d'origine. Anche all'università gli inizi sono stati un po' duri, ma ora le cose vanno decisamente meglio. Mi manca ancora la possibilità di fare lunghe chiacchierate con gli inglesi e questo è dovuto al fatto che non parlo ancora molto bene la lingua, ma ho conosciuto molte persone simpatiche e pazienti che mi stanno aiutando molto. Inoltre qui abbiamo la possibilità di seguire dei corsi di lingua organizzati appositamente per gli studenti Erasmus. Pensa che ci sono anche due ragazzi inglesi che hanno fatto il progetto Erasmus l'anno passato nella nostra università e che qui organizzano dei piccoli corsi di conversazione che io seguo ogni volta che posso.

Pensa che in questo momento, nonostante mi lamenti, riesco bene a conciliare lo studio con il divertimento e come vedi ho finalmente trovato il tempo per scriverti!

Ieri sono andata ad una festa organizzata per tutti gli studenti Erasmus che sono qui e c'erano anche molti inglesi. Ero felicissima, sai che mi piacciono le feste e poi questa era molto particolare perché c'erano persone di 15 nazionalità differenti. Che bello! A questa festa ho conosciuto un ragazzo londinese che si chiama Clive, ha un sorriso bellissimo ed è molto paziente. Clive ha studiato l'italiano, ma il suo italiano è peggiore del mio inglese e questo mi consola! Abbiamo parlato tutta la sera in inglese e mi ha invitato ad andare con i suoi amici a Brighton il prossimo fine settimana. Non vedo l'ora.

Ieri sera quando sono tornata dalla festa ho avuto una sensazione strana. Mi è sembrato di essere sempre vissuta qui e questo mi ha fatto piacere e un po' preoccupato allo stesso tempo. È incredibile come ci si riesca ad adattare in qualsiasi posto! Come vedi i miei sentimenti verso questa "avventura" sono completamente cambiati. Fatti sentire e io ti terrò aggiornata su come vanno le cose con Clive.

Un bacio

Elena

1 Quali sono i problemi che Elena ha avuto all'inizio del suo soggiorno in Inghilterra?

    a Non trovava il tempo di scrivere alla sua amica Valentina.

    b Le era difficile abituarsi a un tipo di vita diverso dal suo.

    c Nessuno degli studenti parlava inglese bene come lei.

    d Non c'era nessun problema: si è divertita moltissimo subito.

2 Che cosa fa per migliorare il suo inglese?

    a Segue un corso di lingua per studenti dell'Erasmus.

    b Fa dei corsi di conversazione organizzati da due professori dell'università.

    c Fa lunghe chiacchierate con gli studenti inglesi.

    d Va in discoteca il più possibile.

3 Che cosa ha fatto la sera prima?

    a È andata a una festa organizzata dagli studenti italiani dell'università.

    b È andata a una festa per gli studenti dell'Erasmus e ha incontrato un ragazzo inglese molto carino che parlava italiano molto bene.

    c È andata a letto e ha sognato d'incontrare un ragazzo inglese.

    d È andata a una festa per gli studenti dell'Erasmus e ha incontrato un ragazzo inglese molto carino che parlava italiano molto male.

4 Che sensazione ha avuto dopo la festa?

    a Che il suo inglese era migliorato improvvisamente.

    b Che il ragazzo inglese voleva imparare l'italiano da lei.

    c Che viveva in Inghilterra da molto tempo.

    d Che non riusciva ad abituarsi a vivere in Inghilterra.

8 E ora guardiamo l'Erasmus da un altro punto di vista ...

 Ascolta l'intervista con Roberto Di Napoli, ex-coordinatore del progetto Erasmus per l'università di Westminster. Poi decidi se le affermazioni qui sotto sono vere o false. Giustifica la tua decisione in base a quanto si dice nella registrazione.

i Roberto si occupava di omologare dal punto di vista accademico i programmi offerti dalle varie università inglesi e straniere. Decideva quindi che cosa dovevano studiare gli studenti.

ii Secondo Roberto, uno degli aspetti più interessanti del suo lavoro di coordinatore era quello umano.

iii Gli studenti inglesi che andavano a studiare in Italia erano molto aperti verso la cultura italiana, erano 'esterofili', mentre gli studenti italiani criticavano tutto dell'università e della cultura inglese.

iv In genere, gli studenti inglesi imparavano molto dal punto di vista linguistico, poi diventavano anche molto indipendenti psicologicamente, però tornavano nel loro paese con gli stessi pregiudizi e stereotipi verso il paese ospitante che avevano prima della loro partenza.

v Gli studenti italiani si lamentavano del sistema troppo scolastico delle università inglesi e dello standard un po' basso.

Palazzo dell'Università e Chiesa di San Martino, Taranto, Puglia

Extra!

9 Che cosa sono i crediti?

Completa il brano con le informazioni mancanti.

"risparmiare"	180 crediti	internazionale	misura	25 ore
60	non sostituiscono	obbligatorio	qualità	quantità

I crediti sono un sistema di **a** _____ del 'lavoro' fatto dallo studente per superare un esame. Un credito equivale a **b** _____ di lavoro. Questa è una convenzione adottata anche a livello **c** _____ .

I crediti **d** _____ i voti: mentre i crediti indicano la **e** _____ del lavoro svolto dallo studente, i voti invece ne indicano la **f** _____ .

Anche se non è **g** _____ andare a lezione, frequentare i corsi aiuta a **h** _____ tempo sullo studio individuale. Infatti lo studente che non frequenta dovrà studiare molte più ore per conto proprio.

Per ottenere una laurea ci vogliono normalmente **i** _____. Questo equivale a **j** _____ crediti all'anno per tre anni.

10 Dalla Francia

Questa è la risposta che Paola ha scritto alla sua amica Giulia che si trova in Francia per fare il progetto Erasmus. Immagina di essere Giulia: scrivi quello che ha raccontato a Paola nella sua lettera.

Cara Giulia,

ho appena ricevuto la tua lettera e sono contenta di sapere che hai passato quattro mesi fantastici in Francia e che hai deciso di rimanere più a lungo. Mi sono un po' preoccupata quando mi hai raccontato dei problemi che hai avuto all'inizio e a dire il vero a quel punto sono stata contenta di non essere venuta. Ma quando ho letto la parte in cui mi raccontavi dei tuoi compagni di università, delle persone con cui dividi l'appartamento e di tutte le belle cose che hai fatto e visto … mi è proprio venuta la voglia di essere lì con te e un po' ti ho invidiato per aver deciso di fare questa esperienza! Peccato! Forse l'anno prossimo. Scrivimi presto.

Paola

P.S. Qui tutto bene, anche se un po' mi annoio.

Cara Paola,

come stai? Io bene, e ho mille cose da raccontarti! _____

Grammatica

● **Condizionale**

Uses In Italian, the *condizionale* is used in much the same way that 'would' or 'could' are used in English:

• to express polite wishes, requests and preferences.

Vorrei mangiare un panino.
I would like to eat a sandwich.
Potresti prestarmi il tuo orologio, per piacere?
Could you please lend me your watch?
Preferirei non dire niente a nessuno.
I would prefer not to say anything to anyone.

• in the main clause of a hypothetical / contrary-to-fact statement in the present.

Se fossi in te, ordinerei una pizza ai funghi.
If I were you, I would order a mushroom pizza.

Formation Unlike its English equivalent, the conditional is a simple tense in Italian, i.e. it consists of a single word: **mangerei** I would eat.
It is formed with the future stem (see Unità 9, page 108) + the conditional tense endings for each verb conjugation: **-erei** / **-erei** / **-irei** etc. For irregular forms see Grammatica p. 162.

parlare	**prendere**	**partire ire**
parl-	prend-	partir-
parlerei	prenderei	partirei
parleresti	prenderesti	partiresti
parlerebbe	prenderebbe	partirebbe
parleremmo	prenderemmo	partiremmo
parlereste	prendereste	partireste
parlerebbero	prenderebbero	partirebbero

Verbs ending in **-ciare** and **-giare** drop the **i** and have **-ce** and **-ge** in the stem, and verbs ending in **-care** and **-gare** add an **h** to keep the hard sound of the **c** and **g**, and so they have **-che** and **-ghe** in the stem.

giocare → giocherei   I would play
mangiare → mangerei   I would eat

Note that English often uses 'would' to express 'used to', whereas Italian uses the imperfect tense.

Quando abitavo a Belluno, andavo a sciare tutte le domeniche.
When I lived in Belluno, I would go skiing every Sunday.

Esercizi di grammatica

1 Il condizionale. Completa le frasi con la forma appropriata del verbo fra parentesi.

a 'Per cortesia, (potere/voi) potreste aiutarmi con il mio nuovo computer? Non ci capisco niente!' 'Lo (fare/noi) _____ volentieri, ma non ci capiamo niente nemmeno noi'.

b Ho una fame! (mangiare/io) _____ un bue intero!

c 'Ti (piacere) _____ venire a cena da me domani sera?' 'Sì, mi (piacere) _____ molto, ma purtroppo ho già un impegno.

d Carlo (dovere) _____ studiare di più, altrimenti rischia di essere bocciato.

e 'Anna e Luisa, (venire) _____ a trovarmi questo fine settimana? (volere/io) _____ mostrarvi le foto delle mie vacanze in Islanda.' 'Ah, che bello! Mah, sai, non sono sicura. Io (venire) _____ volentieri, ma Anna (dovere) _____ studiare per i suoi prossimi esami e, come sai, è lei che guida …

f (Bere/io) _____ volentieri un altro bicchiere di vino, ma non posso, perché devo guidare.

g Mi (fare/tu) _____ un piacere? Mi (prestare/tu) _____ il tuo ombrello?

2 Il condizionale, il passato prossimo, l'imperfetto. Che cosa faresti **se fossi** (if you were) il vincitore/la vincitrice della Lotteria di Merano? Dai, sogna un po' ad occhi aperti … Completa le frasi con i tempi appropriati dei verbi nel riquadro.

| diventare avere (× 2) smettere prendere dire potere (× 2) piacere |
| fare sognare crescere pagare comprare essere continuare |

Per cominciare, **a** pagherei tutti i miei debiti. Poi **b** _____ due case: una qui in città, e l'altra in campagna, in mezzo al verde, forse in Toscana perché **c** _____ sempre _____ di passare lunghi periodi da sola a leggere, a scrivere, e a fare lunghe passeggiate. Non so se **d** _____ una buona idea vivere così isolata, ma, una volta stanca della mia compagnia, **e** _____ sempre ritornare in città. Da piccola mi **f** _____ molto giocare a tennis, ma poi **g** _____ e **h** _____ perché **i** _____ troppo da studiare. Be', se vincessi la lotteria, forse mi **j** _____ costruire un campo da tennis dietro casa. Così **k** _____ giocare tutti i giorni e **l** _____ davvero brava. Poi **m** _____ a lavorare, ma con un altro spirito perché non **n** _____ bisogno di altro denaro. Mi **o** _____ molto tempo libero per andare in vacanza e, se ci fossero problemi per questo, **p** _____: 'Licenziatemi pure!' Dopo tutto, non si vive per lavorare, ma, al contrario, si lavora così che ci possiamo godere la vita.

Glossario

Esercizio 2

sviluppo (*m*)	development
costituire	to represent
iscriversi	to register
trascorrere	to spend (time)
essere tenuti a	to be obliged to
docente (*m/f*)	university lecturer
borsa (*f*) di studio	scholarship
sovvenzione (*f*)	financial aid
beneficio (*m*)	benefit

Esercizio 3

vantaggi (*m pl*)	pros
svantaggi (*m pl*)	cons

Esercizio 4

sede (*f*) universitaria	university

Esercizio 5

speranza (*f*)	hope

Esercizio 7

elevato/a	high
inserirsi	to become part of
seguire (un corso)	to attend
lamentarsi	to complain
divertimento (*m*)	entertainment
consolare	to cheer up
aggiornato	up to date
soggiorno (*m*)	stay
sensazione (*f*)	feeling

Esercizio 8

omologare	to harmonise
ospitante	host (adj)

Extra!

superare	to pass
per conto proprio	on one's own
durata (*f*)	duration
impegno (*m*)	hard work
invidiare	to envy

Esercizi di grammatica

per cortesia	please
volentieri	willingly
bue (*m*)	ox
impegno (*m*)	commitment
altrimenti	otherwise
essere bocciato	to fail
smettere	to give up
debito (*m*)	debt
licenziare	to sack, dismiss

Lavoro di coppia

noioso	boring
ingrassare	to put on weight
appiccicoso	sticky
mammone (*m*)	mummy's boy
portato per	with a talent for

Ancora un po' di pratica

faccenda (*f*)	enterprise
fare ricorso a	to resort to
accorgersi	to realise
riposante	relaxing
fatica (*f*)	effort
argomentare	to debate
persino	even
natio	original
obbligatorio	compulsory
alla portata	accessible
capitare	to happen
classe (*f*) dirigente	ruling class
avviarsi	to be on the way
lungomare (*m*)	promenade by the sea
acquisire	to acquire
trovarsi a proprio agio	to feel at ease
proposta (*f*)	suggestion

Lavoro di coppia

1 Un anno a Firenze

Hai deciso di partecipare al progetto Erasmus per trascorrere un anno a Firenze. Cerca di convincere il compagno/la compagna a venire con te. Usa le idee riportate qui sotto e aggiungine altre.

È bello stare un anno fuori da casa, da soli, con molta libertà.
Si conoscono persone nuove e differenti.
Si mangia benissimo.
Le ragazze italiane/i ragazzi italiani.
Una città d'arte, il Rinascimento.
Imparare una lingua.
Tutto pagato dalla borsa di studio.

2 Intervista

a Sei il responsabile del progetto Erasmus. Intervista un candidato e completa il modulo.

Nome e cognome	Luogo e data di nascita
Comune di residenza	Via
Tel / e-mail	Anno di corso
Corso/scuola	Mesi di permanenza
Sede ospitante	Livello
Lingue conosciute 1 _____ 2 _____ 3 _____	
Obiettivi	
Possibili preoccupazioni	

b Ora scambiatevi i ruoli. Tocca a te rispondere alle domande.

Lavoro di coppia

1 Un anno a Firenze

Un compagno/una compagna ha deciso di partecipare al progetto Erasmus per trascorrere un anno a Firenze. Sta cercando di convincerti ad andare con lui/lei, ma tu non sei convinto/a. Usa le idee riportate qui sotto e aggiungine altre.

Mi mancherebbe la famiglia, il ragazzo/la ragazza.
Sentirsi soli ed isolati senza amici veri.
Il cibo è noioso, sempre pasta o pizza, troppi carboidrati e si ingrassa.
Le ragazze italiane/i ragazzi italiani sono appiccicosi, gelosi e mammoni.
L'arte moderna è la tua passione.
Non sei molto portato per le lingue, non parli bene italiano, lo trovi molto difficile e ti stanchi a parlare una lingua straniera.
La borsa di studio è insufficiente, sei sempre in debito.

2 Intervista

a Sei un candidato ad una borsa di studio del progetto Erasmus. Rispondi alle domande che ti fa il responsabile del progetto.

b Ora scambiatevi i ruoli. Tocca a te intervistare un candidato e completare il modulo.

Nome e cognome _____	Luogo e data di nascita _____
Comune di residenza _____	Via _____
Tel / e-mail _____	Anno di corso _____
Corso/scuola _____	Mesi di permanenza _____
Sede ospitante _____	Livello _____ _____ _____
Lingue conosciute 1 _____ 2 _____ 3 _____	
Obiettivi	
Possibili preoccupazioni	

Ancora un po' di pratica

1 Piacere di conoscerti!

1 Il diavolo!

a Leggi il breve racconto 'Il diavolo' e decidi se le affermazioni sono vere o false.

> Marco e Mirco non hanno alcun rispetto per i verbi, nemmeno per i più vecchi, quelli con i capelli bianchi che camminano col bastone.
> I due insolenti monelli ieri dovevano coniugare, per compito, certi verbi, formando con essi delle frasi, ovvero pensierini.
> Graziosi pensierini davvero!
> Ecco un esempio dei loro esercizi:
> "Io mangio il gelato,
> tu bevi l'aranciata,
> egli paga il conto
> perché è il più tonto."
> Insistendo nella loro bravata, essi hanno scritto poi:
> "Io vado a Torino,
> tu vai a Torino,
> egli va a Torino,
> noi andiamo a Torino
> voi andate al diavolo
> e starete al caldino."
> Il diavolo a questo punto si è sentito fischiare le orecchie. C'è stato un botto, un gran puzzo di zolfo e il diavolo era lì sulla poltrona, e agitava la forca gridando: "Dove sono quelli che devono andare al diavolo?"
> Marco per la paura stava per svenire, Mirco più pronto a dire bugie, è corso alla finestra e, indicando un punto impreciso verso la piazza, ha esclamato: "Là, guardi, Eccellenza, sono scappati da quella parte!"
> Per fortuna il diavolo c'è cascato e si è precipitato in piazza, dove voleva per forza portar via il farmacista, dottor Panelli, che stava sulla soglia del suo negozio a prendere il fresco. La signora Panelli però ha salvato il marito, mostrando al diavolo una raccomandata firmata da un pezzo grosso.
>
> (Da: Gianni Rodari, 'Il diavolo', in *Il libro degli errori*, Einaudi, 1964)

		VERO	FALSO
i	Marco e Mirco hanno dei compiti da fare.	☐	☐
ii	Ad un certo punto arriva il diavolo.	☐	☐
iii	Mirco non riesce a mandare via il diavolo.	☐	☐
iv	Il diavolo vuole prendere un altro studente.	☐	☐
v	La signora Panelli riesce a salvare il marito.	☐	☐

b Il professore non è molto contento dei compiti di Marco e Mirco. Puoi scrivere tu delle frasi migliori con i verbi **mangiare**, **bere**, **pagare**, **andare** e **stare**?

2 Un po' di parole crociate

 Risolvi le parole crociate, come nell'esempio.

I noi – vedere = vediamo

1 v	e	d	2 i	a	m	3 o	4		5	6		7		8	
9													10		
						11		12							
13		14		15		16			17						
								18							
19		20												21	
	22					23									
24				25	26					27					
28						29		30							
			31	32											
		33		34											
				35		36									

Orizzontali

1 noi – vedere
5 lui– capire
9 io – indovinare
10 io – avere
11 'e' in inglese
13 io – cenare
15 loro – volere
18 tu – volere
19 'you' in italiano
20 lei – tagliare
23 'eight' in italiano
24 noi – sentire
27 'but' in italiano
28 tu – dovere
31 lui – aiutare
34 'Christmas' in italiano
35 'a + i' =
36 tu – bere

Verticali

1 voi – vincere
2 'I' in italiano
3 io– svegliarsi
4 'su' in inglese
6 Quanti _____ hai? Ne ho 18.
7 articolo determinativo per ' postino'
8 'What' in italiano
11 'a + la' =
12 voi – dovere
14 noi – ottenere
16 articolo per 'studenti'
17 tu – nuotare
21 noi – dare
22 loro – dovere
24 'if' in italiano
25 voi – amare
26 'never' in italiano
28 tu – dare
29 tu – stare
30 'apples' in italiano
32 articolo indeterminativo per 'mattina'
33 lui – fare

2 Il passato è ... passato!

1 Un mese fa ...

 Guarda le figure e mettile nell'ordine che per te è più probabile, inserendo i numeri nelle caselle. Poi scrivi una storia basata su di esse e aggiungi altri avvenimenti usando la tua immaginazione. Comincia così:

Un mese fa _____

_____

_____

2 Ma chi è Roberto Benigni?

 a Cerca su internet tutte le informazioni possibili su Roberto Benigni e scrivi una sua breve biografia.

 b Leggi l'articolo su Roberto Benigni e rispondi alle domande.

i Che cosa hanno deciso di dedicare a Roberto Benigni gli abitanti di Castiglion Fiorentino?

_____

ii Perché Benigni non è andato alla cerimonia?

_____

iii Chi ha partecipato alla cerimonia?

_____

iv Perché Benigni è sorpreso dall'evento?

_____

A Castiglion Fiorentino

Per Benigni una statua alta 4 metri

"Ma cosa vi salta in mente, amatissimi concittadini, di erigermi addirittura una statua di bronzo? Voi mi fate montare la testa, mi sento un po' come Federico Barbarossa, come Cavour, come Enrico Toti, ma siete matti?" Inizia così il messaggio che Roberto Benigni, assente per impegni di lavoro, ha inviato agli abitanti della Misericordia, frazione di Castiglion Fiorentino (300 abitanti in tutto), dove è nato il 27 ottobre 1952 e che ieri lo ha festeggiato con l'inaugurazione della statua, realizzata in suo onore dallo scultore Andrea Roggi.

La statua in bronzo, alta 4 metri e mezzo, che raffigura Benigni in una delle sue pose più dinamiche, è stata collocata nel Parco della creatività, a cento metri dalla casa dove è nato l'attore toscano. Presenti alla cerimonia i genitori, Giuseppina e Luigi, che hanno ricordato alcuni momenti della loro vita e dell'infanzia di Benigni. Nel suo messaggio l'attore toscano dice ancora: "Mi dispiace non essere lì per fare delle belle risate insieme e di non poter vedere le vostre facce, che sono le facce dei miei genitori, dei parenti, della gente che dalla miseria ha fatto germinare il fiore dell'arte e quella voglia di vivere che non ho mai visto da nessuna parte. Ho fatto un film che vi piace, va bene, ma una statua mentre sono ancora vivo non me l'aspettavo: ma, ditemi, perché non mi avete dedicato una via?..."

(Da: *Repubblica*, 23 giugno 2003)

3 Una serata andata male

a Ascolta Mauro che racconta a Gemma che cosa gli è successo la sera prima e rispondi alle domande.

i Perché Mauro chiama Gemma?

_____

ii Come è andata la cena?

_____

iii Che cosa è successo dopo la cena?

_____

iv Che cosa è successo quando è arrivato a casa?

_____

b Riscrivi la storia con parole tue e preparati a raccontarla in classe con più dettagli possibili.

3 Fare la spesa o fare spese?

1 Che cosa mangiamo?

a Ascolta l'intervista sulle abitudini alimentari degli italiani e completa la scheda.

	cosa	dove	quando
colazione			
pranzo			
cena			

b Ora completa la tabella secondo le tue abitudini.

	cosa	dove	quando
colazione			
pranzo			
cena			

2 Una lettera

Scrivi una lettera ad un amico descrivendo le abitudini alimentari dei tuoi connazionali.

3 L'olio d'oliva

 Leggi l'articolo ed elenca i vantaggi di usare l'olio extravergine in cucina.

2 buone ragioni per usarlo:
è uno spazzino dei grassi cattivi, permette l'assorbimento delle vitamine liposolubili A ed E

FAI LA SPESA

C'è chi relega l'olio a condimento ed elegge il burro a protagonista incontrastato della cucina, chi invece usa il burro con il contagocce. In realtà, ci sono piatti che senza burro sono impossibili, ma l'olio in cucina è indispensabile.

OLIVA ED EXTRAVERGINE
L'extravergine è il miglior condimento a crudo, su insalata, verdure, carne e pesce crudi e cotti. Difficile orientarsi sugli scaffali del supermercato: ne trovi di tutti i prezzi (da 5 euro in su). Se vuoi andare a colpo sicuro, preferisci un olio DOP (Denominazione di Origine Protetta).

E PER FRIGGERE?
Per soffriggere e friggere i più indicati sono l'olio di oliva (ideale per carni rosse e verdure) o di semi di arachide o il più raro vinacciolo (**estratto dai semi dell'uva dopo la vinificazione**), ideale per friggere cibi dal sapore delicato (carni bianche e dolci). Vanno bene poiché hanno un punto di fumo (**temperatura in cui i grassi si decompongono**) alto e resistono a cotture prolungate. Trovi oli d'oliva a partire da 3,5 euro al litro e di semi di arachide a meno di 2 euro.

LO SAPEVI CHE ...

L'OLIO EXTRAVERGINE È PIÙ PESANTE DELL'OLIO D'OLIVA
Falso È solo più saporito. L'extravergine si ottiene semplicemente dalla spremitura delle olive, senza sottoporlo a nessun trattamento chimico di raffinazione. L'olio d'oliva invece, viene raffinato trattandolo chimicamente per ridurne l'acidità ed eliminarne gli aromi sgradevoli. I trattamenti di raffinazione eliminano dall'olio le sue componenti aromatiche e lo impoveriscono sul piano nutritivo (perde molta della vitamina E).

L'OLIO D'OLIVA NON CONTIENE COLESTEROLO
Vero Come tutti i grassi vegetali, l'olio d'oliva è completamente privo di colesterolo. Anzi, uno dei suoi pregi è proprio la capacità di abbassare il colesterolo del sangue. Infatti è costituito in prevalenza da grassi insaturi e polinsaturi che non provocano accumulo di colesterolo "cattivo".

L'OLIO DI SEMI È IL PIÙ LEGGERO
Falso Tutti gli oli, extravergine, d'oliva o di semi, forniscono le stesse calorie (9 per grammo). Quello di semi è solo meno saporito e denso dell'extravergine. Non solo: mentre quello d'oliva è un grasso prevalentemente monoinsaturo, quello di semi è, al contrario, per lo più polinsaturo.
(Da: *TU, 9 febbraio 2004*)

4 Città o campagna?

1 La vita in Italia

Leggi l'articolo e rispondi alle domande.

i Qual è la novità del più recente rapporto sulla qualità della vita in Italia?
ii Che cosa ha determinato il primato di Firenze?
iii Che cos'altro è migliorato a Firenze rispetto agli anni precendenti?
iv Qual è la città più ricca d'Italia?
v Per quale motivo il sindaco è particolarmente soddisfatto del primato di Firenze?

Firenze è la città dove si vive meglio

È Firenze la città italiana in cui si vive meglio: lo dice il quotidiano economico *Il Sole 24 Ore* nel suo tradizionale rapporto di fine anno sulla qualità della vita nelle province italiane. Nelle precedenti edizioni la vittoria era sempre andata a una città di piccola o media grandezza, ma questa volta c'è stata una rivincita da parte dei grandi centri che, dopo Firenze, piazzano Milano al secondo posto, Bologna al quinto e Roma all'ottavo. Ultima città in classifica, al 103esimo posto, troviamo invece Messina.

I campi di valutazione presi in considerazione nell'indagine erano sei: tenore di vita, affari e lavoro, servizi e ambiente, criminalità, popolazione, tempo libero. Ed è proprio con il tempo libero che la provincia di Firenze ha totalizzato il numero maggiore di punti. Ristoranti e bar, cinema, teatri, librerie, discoteche, impianti sportivi, associazionismo ed offerte culturali di vario tipo hanno in pratica consegnato al capoluogo toscano il primato. Rispetto agli anni scorsi è però migliorato nettamente anche l'indice del tenore di vita e quello relativo alla criminalità.

Milano eccelle ovviamente nel tenore di vita, raggiungendo il vertice della classifica parziale. Il reddito pro-capite dei milanesi e il volume dei loro depositi bancari sono i più alti in Italia.

Questo è il commento del sindaco di Firenze, Leonardo Domenici, dopo la diffusione del rapporto del *Sole 24 Ore*: "È un riconoscimento importante per Firenze, che arriva in un momento di grande trasformazione della città. Deve essere motivo di orgoglio e di soddisfazione collettiva, non solo per le istituzioni locali, ma per tutte le componenti della società cittadina. Specialmente perché il nostro primato deriva da un risultato equilibrato in tutti i diversi campi."

"Anche se i fiorentini hanno fama di essere un po' bruschi e diffidenti – ha poi aggiunto – ci dà grande soddisfazione che Firenze risulti la città in cui è più diffusa la rete della solidarietà, dove ci si impegna di più ad aiutare chi è meno fortunato, dove è più forte la spinta alla partecipazione, all'associazionismo solidale e culturale. Detto questo dobbiamo guardare anche alle carenze della città e del suo territorio per poter investire meglio sul futuro."

(Da: *Italia & Italia*, gennaio 2004)

2 Parliamo di Firenze

Ascolta Antonella e Mauro che discutono della loro esperienza a Firenze e prendi appunti su ciò che dicono.

Antonella	Mauro

3 Quante città italiane conosci?

Prova a collocare al posto giusto sulla cartina le città qui elencate.

Roma

Palermo

Cagliari

Perugia

Firenze

Bologna

Reggio Calabria

Bari

Potenza

Napoli

L'Aquila

Ancona

Campobasso

Venezia

Trieste

Trento

Milano

Torino

Aosta

Genova

5 Quando ero bambina

1 Mi ricordo ...

Completa le seguenti frasi pensando a quando avevi 12 anni.

i Quando tornavo da scuola _____

ii Quando andavamo in vacanza _____

iii Quando andavo a dormire _____

iv Il mio migliore amico _____

v Quando mio padre era arrabbiato _____

vi Quando ero felice _____

vii Quando avevo paura _____

viii Quando non volevo andare a scuola _____

ix Quando venivano ospiti a casa _____

x Quando era il mio compleanno _____

2 Interviste

Ascolta le interviste fatte dal programma 'Italiani all'estero' in cui tre persone fanno un paragone sulle loro abitudini di una volta e quelle di oggi. Che cosa facevano quando abitavano in Italia? E ora? Completa la scheda qui sotto.

Adriana	Gianluca	Emiliano
pasti	lavoro	pasti
vita sociale	amici	casa
attività dopo il lavoro	casa	vita sociale
fine settimana	tempo libero	
problema maggiore a Londra		

3 La mia infanzia

Scrivi una lettera alla tua nuova corrispondente italiana e raccontale la tua infanzia.

Cara Giovanna,

come va? Io sono molto occupata con l'università, ma ho trovato ugualmente tempo per scriverti. _____

Aspetto una tua risposta, raccontami di te.

Un saluto

_____

4 Proverbi

a Questi proverbi hanno come tema Roma, 'la città eterna'. Metti in ordine le parole.

i ci dove Roma Papa sta sta il

_____

ii costruita un non in Roma giorno fu

_____

iii le Roma tutte portano a strade

_____

Isola Tiberina e Fiumi Tevere, Roma

b E ora, puoi trovare l'equivalente inglese dei seguenti proverbi italiani? Abbina la lista A alla lista B.

A	**B**
1 Una mela al giorno toglie il medico di torno.	**a** To catch two birds with one stone.
2 Prendere due piccioni con una fava.	**b** You can't have your cake and eat it.
3 Chi dorme non piglia pesci.	**c** Beauty is in the eye of the beholder.
4 Non si può avere la botte piena e la moglie ubriaca.	**d** The early bird catches the worm.
5 Non è bello ciò che è bello, è bello ciò che piace.	**e** An apple a day keeps the doctor away.

6 Ah ... l'amore!

1 Non c'era più legna

a Leggi la prima parte del brano tratto da *Marcovaldo* di Italo Calvino. Poi completa le tre frasi dell'esercizio con la continuazione appropriata.

> A casa di Marcovaldo quella sera non c'era più legna per il camino e la famiglia, tutta incappottata, guardava nella stufa impallidire le braci e dalle loro bocche le nuvolette salire ad ogni respiro.
>
> Non dicevano più niente, le nuvolette parlavano per loro. Alla fine Marcovaldo si è deciso: vado per legna; chissà che non ne trovi. Si è cacciato quattro o cinque giornali tra la giacca e la camicia a far corrazza contro il freddo e si è nascosto sotto il cappotto una lunga sega dentata e così è uscito nella notte, seguito dai lunghi sguardi speranzosi dei familiari.
>
> Andare per legna in città: una parola! Marcovaldo si è diretto subito verso un pezzetto di giardino che c'era tra due vie. – Tutto era deserto! – Marcovaldo studiava le piante nude ad una ad una, pensando alla famiglia che lo aspettava battendo i denti …
> Michelino intanto, battendo i denti, leggeva un libro di fiabe, preso in prestito dalla scuola. Il libro parlava di un bambino, figlio di un taglialegna, che usciva nel bosco con l'accetta per fare legna nel bosco.

1 A casa di Marcovaldo …
  a tutta la famiglia stava davanti al caminetto acceso.
  b era finita la legna e tutti avevano molto freddo.
  c la famiglia si divertiva a fare nuvolette ad ogni respiro.
  d erano finiti i cappotti.

2 Marcovaldo ha deciso di …
  a andare in cerca di legna nei dintorni.
  b di bruciare quattro o cinque giornali nel caminetto.
  c di andare a tagliare gli alberi nel suo giardino.
  d di uscire per riscaldarsi un po'.

3 A casa Michelino, il figlio di Marcovaldo …
  a dormiva davanti al fuoco e sognava di essere il figlio di un taglialegna.
  b leggeva una fiaba ai suoi fratelli per farli addormentare.
  c si lavava i denti prima di andare a dormire.
  d batteva i denti dal freddo e leggeva una fiaba sul figlio di un taglialegna.

b Leggi la continuazione della storia e rispondi alle domande.

> Ecco dove bisogna andare – disse Michelino – nel bosco! Lì c'è la legna!
> Nato e cresciuto in città, non sapeva che cosa era un bosco.
>
> Così Michelino si è organizzato con i fratelli: uno ha preso un'accetta, uno un gancio e l'altro una corda, hanno salutato la mamma e sono andati in cerca di un bosco. Camminavano per la città illuminata dai lampioni e non vedevano che case: di boschi neanche l'ombra.
>
> Così sono giunti dove finivano le case della città e la strada diventava un'autostrada. Ai lati dell'autostrada i bambini hanno visto il bosco; una folta vegetazione di strani alberi copriva la vista della pianura. Avevano i tronchi fini fini, dritti e obliqui e chiome piatte e estese dalle più strane forme e dai più strani colori, quando un'auto passando le illuminava coi fanali. Rami a forma di dentifricio, di faccia, di formaggio, di mano, di rasoio, di bottiglia, di mucca, di pneumatico, costellate da un fogliame di lettere dell'alfabeto.
>
> Evviva!! – ha detto Michelino, – questo è il bosco!
>
> Così i ragazzi si sono messi al lavoro e hanno abbattuto un alberello a forma di fiore, lo hanno fatto a pezzi e lo hanno portato a casa.
>
> Marcovaldo è tornato col suo magro carico di rami umidi e ha trovato la stufa accesa.
>
> "Da dove viene?" ha esclamato indicando i resti del cartello pubblicitario che bruciava nel camino.
>
> "Dal bosco" hanno risposto i bambini.
>
> "E che bosco?" "Quello dell'autostrada" hanno risposto contenti.
>
> Marcovaldo è tornato ad uscire con la sega ed è andato sull'autostrada. Quella sera è stato denunciato che sull'autostrada un branco di monelli si divertiva a buttare giù i cartelli pubblicitari.
>
> (Adattato da: Italo Calvino, 'Il bosco in città' in *Marcovaldo ovvero le stagioni in città*, Arnoldo Mondadori Editore, 1991)

   i Che cosa hanno deciso di fare i figli di Marcovaldo?

   ii Che cosa hanno trovato i figli di Marcovaldo alla fine della loro lunga camminata?

   iii Che cosa hanno denunciato quella sera?

2 La neve era ghiacciata

Ascolta la conversazione tra Mario e Susanna e rispondi alle domande.

   i   Che cosa è successo a Mario? Quando gli è successo e dove?

   ii   Come era il tempo?

   iii   Perché gli amici di Mario hanno smesso di sciare?

   iv   Che cosa hanno fatto Mario e il suo amico Toni e perché?

   v   Cosa ha fatto Toni quando è andato ad aiutare Mario?

   vi   Per quanto tempo deve portare il gesso Mario?

7 Mandami un messaggino :-) !!

1 Internet o telefonino?

 a Leggi l'articolo e riordinalo. La prima e l'ultima parte sono in ordine.

☑ a
In Germania, Gran Bretagna, Francia e Italia la popolazione giovanile (i ragazzi sotto i 25 anni) ritiene di gran lunga più importante il cellulare del computer. Se aumenta tra gli adulti l'uso di internet, il fenomeno tra i giovani sembra essere contrario e l'

☐ b
gli sms e la moda. I messaggi di testo sono una valida alternativa all'email. Non possono sostituire la comunicazione basata sui PC, ma hanno sicuramente dei vantaggi in termini di mobilità. Anche nel business si comincia a realizzare che i messaggi di testo assicurano

☐ c
alcuni motori di ricerca offrono scarsi risultati, o che molti siti web sono mal strutturati. Da un certo punto di vista il web è peggiorato, molti servizi utili ed interessanti sono stati sospesi, limitati,

☐ d
utilizzo di internet sembra in leggera diminuzione. Al tempo stesso è cresciuto decisamente l'uso dei telefonini cellulari e ci sono diverse spiegazioni del fenomeno. Alcune potrebbero essere che l'accesso a internet è spesso lento,

☐ e
risposte più veloci che le mail. I telefonini cellulari sono un fenomeno molto più di moda di quanto sia internet. I cellulari sono strumenti piccoli, maneggevoli, personali e

☐ f
non sono più ad accesso libero o gratuito. Oltre a questo comunque, ci sono due ragioni per cui i telefonini cellulari competono direttamente con internet tra i giovani:

☑ g
personalizzabili nelle forme, colori, misure, stili. I PC non lo sono.

b Ora rispondi alle domande relative all'articolo.

i Qual è la differenza tra i giovani e gli adulti secondo l'articolo?

_____

_____

ii Perché è cresciuto l'uso dei telefonini tra i giovani?

_____

_____

iii Qual è il maggior pregio dei messaggini via telefonino?

_____

_____

iv Quali sono le differenze tra i telefonini e i computer?

_____

_____

2 A qualcuno non piace

Ascolta Fausto e Martina. Parlano dei telefonini e hanno idee completamente differenti.
Completa la tabella.

Fausto	Martina

8 La salute innanzitutto

1 Mangiare sano

 a Ascolta il Dott. Micelli che dà consigli su una sana alimentazione e prendi appunti.

 b Usando i suggerimenti del Dott. Micelli scrivi un articolo per la rivista *Sani e Belli* dal titolo 'Una sana alimentazione'.

 c Leggi gli articoli e trova per ciascuno un titolo adatto.

i _____

> La luteina è un carotenoide assai prezioso per contrastare i radicali liberi che causano l'invecchiamento. È contenuta principalmente nella frutta e nella verdura ed in particolare nella lattuga romana, negli spinaci, broccoli, carote, sedano, cavoli e verze. Anche le zucchine crude, eccellenti in pinzimonio o tagliate sottilissime in insalata, ne sono ricche e così pure i cavolini di Bruxelles, i fagiolini ed i piselli. Contengono discreti quantitativi di luteina anche mango, papaia, pesca, anguria e melone e tra gli agrumi sono da preferire arancia e pompelmo rosa.

ii _____

> L'Unione Nazionale Consumatori, nel suo sito www.consumatori.it/alimentazione fornisce preziose informazioni per la scelta e l'acquisto del tonno in scatola. Sapevate per esempio che possono essere inscatolate sette specie di tonno, ma che quelle più buone sono il Thunnus thynnus, che ha le carni rosa e il Thunnus alalunga, che ha le carni più bianche? Inoltre la parte migliore del tonno è la ventresca, che si ricava dalla parte ventrale del pesce, tuttavia il buon prodotto se si presenta in pezzi interi significa che sono state utilizzate vere parti del pesce, se è in piccoli framenti si tratta dei residui della lavorazione, ovviamente meno qualitativi. Tanto più il colore tende al bruno e tanto più si tratta di specie o parti meno pregiate, oppure di tonno 'ossidato', cioè di pesce che è stato tenuto a lungo congelato e poi cotto e inscatolato.

iii _____

> La Gran Bretagna è il secondo paese europeo, dopo la Germania per il numero di vegetariani: il 40% della popolazione infatti evita di consumare la carne e il 6% è totalmente vegeteriano. Uno studio effettuato recentemente dal Consumer Analysis Group per conto della catena Safeway ha ipotizzato che nel 2047 tutti i cittadini britannici potrebbero essere vegetariani. Lo studio ha altresì calcolato che un vegetariano durante la sua vita salva 760 polli, 5 mucche, 20 maiali, 20 pecore e mezza tonnellata di pesci.

iv

Il succo di mirtillo, così come quello d'anguria, aiuta a curare le infezioni del sistema urinario perché altera il pH dell'urina, creando un ambiente meno ospitale per batteri o virus. Una ricerca condotta su un campione di donne anziane ha dimostrato che 250g. di succo di mirtillo al giorno riducono del 50% il rischio di infezioni al sistema urinario. Inoltre le proantocianidine impediscono ai batteri di attaccarsi alle pareti del sistema urinario, facendo così del succo di mirtillo un ottimo rimedio depurativo.

v

Ogni colore possiede specifiche caratteristiche. Alcuni psicologi inglesi hanno confermato la potenza dei colori in occasione di una gara sportiva. Hanno fatto indossare ad alcuni atleti un cappellino giallo, ad altri un cappellino verde. Quelli che indossavano il cappellino giallo, simbolo di luce, energia e gioia di vivere, hanno ottenuto risultati migliori in termini di tempo, rispetto a quelli che indossavano il cappellino verde. Il dott. David Lewis, che ha analizzato i risultati, ha spiegato che la defaillance della squadra verde era favorita dall'effetto rilassante tipico di questo colore, mentre giallo stimolerebbe la creatività e il pensiero positivo.

vi

La soia come ormai sappiamo da tempo, può essere un discreto sostituto della carne nell'alimentazione. I germogli sono ottimi nelle insalate e nelle zuppe e la farina viene utilizzata per bistecche, polpette e spezzatini gustosi. La soia non contiene colesterolo ed è ricca di grassi polinsaturi, molto importanti nella prevenzione delle malattie cardiovascolari. Recentemente si sono scoperte anche le sue virtù legate alla bellezza. Alcuni consigliano anche applicazioni locali con una maschera a base di farina di soia, albume d'uovo e miele liquido. Grazie al contenuto di un olio antiossidante, infatti, la soia è un'ottima alleata per aiutare a prevenire le rughe e a mantenere la pelle del viso morbida ed elastica.

vii

Ann Scher, ricercatrice del National Institute on Aging (NIA, Bethesda) ha effettuato uno studio per capire se il fenomeno del russare potrebbe essere scatenato da alterazioni neurologiche associate al mal di testa. Il confronto tra un gruppo di 200 persone che soffriva di mal di testa cronico e un gruppo di 500 persone con cefalea sporadica, ha evidenziato nei primi una probabilità quasi tre volte superiore di russare durante la notte. Se il legame tra russare e mal di testa verrà confermato sarà possibile prevenirlo semplicemente migliorando la respirazione notturna.

(Da: L'*Altra Medicina*, luglio/agosto 2003)

 d Ora rileggi e riassumi brevemente in inglese il contenuto di ciascun articolo.

9 Che sarà, sarà ...!

1 Un progetto italiano a Londra

Leggi l'articolo e rispondi alle domande relative a ciascuna parte.

La 'Scheggia di Cristallo' di Renzo Piano

Al via a Londra il grattacielo dell'architetto italiano. Si chiama la 'Scheggia di cristallo', sorgerà sulla riva sud del Tamigi e dominerà il paesaggio della capitale Britannica dall'alto dei suoi 310 metri, facendone il grattacielo più alto d'Europa.

Il controverso progetto dell'architetto Renzo Piano ha ricevuto, dopo tre anni di tentennamenti e revisioni, l'approvazione del governo di Tony Blair. La costruzione della torre di 66 piani – costruita sull'area della stazione ferroviaria di London Bridge – avrà inizio nel 2005 e dovrebbe terminare entro il 2009, per un costo complessivo di quasi 500 milioni di euro. Il progetto include la demolizione delle attuali Southwark Towers, due piccoli grattacieli degli anni '60, e di alcuni condomini, negozi ed un albergo che ora occupano il terreno. La torre arriverà a toccare il tetto massimo del limite stabilito dall'aviazione civile per evitare problemi al traffico aereo di Heathrow e avrà la forma di una piramide slanciata simile ad una scheggia di vetro che, secondo Renzo Piano, 'scompare nell'aria come l'albero di un'alta nave'. Con un'area di oltre 120.000 metri quadrati, la 'Scheggia di Cristallo' sarà una sorta di città in verticale, con la stazione ferroviaria e della metropolitana alla base, con sopra aree pubbliche come ristoranti, bar, cinema e negozi, e poi un albergo, uffici e appartamenti. La costruzione avrà anche due piattaforme panoramiche dalle quali il pubblico potrà ammirare il paesaggio.

---

i Perché il grattacielo disegnato da Renzo Piano viene chiamato la 'Scheggia di Cristallo'?

ii Dove sorgerà esattamente e quali saranno le sue funzioni?

Nonostante la costruzione della torre sia stata attivamente sostenuta dal sindaco di Londra Ken Livingstone e dall'amministrazione locale di Southwark – i quali ne riconoscono il potenziale economico e di rigeneramento dell'area – dalla sua prima presentazione nella primavera del 2000, il progetto ha fatto piovere obiezioni a non finire da parte di chi teme che il grattacielo possa sconvolgere il profilo del paesaggio urbano. English Heritage, un'organizzazione per la tutela del patrimonio artistico e culturale, sostiene infatti che l'edificio sarebbe d'intralcio per la veduta sulla cattedrale di Saint Paul e oscurerebbe la magnificenza della Torre di Londra, monumentale complesso dichiarato patrimonio dell'umanità dall'Unesco. Le critiche sono state appoggiate inoltre anche dal Principe Carlo, preoccupato per l'impatto ambientale della costruzione. In seguito alle proteste, il governo ha avviato una consultazione pubblica che ha coinvolto le autorità locali, i cittadini e gli investitori interessati, e che è terminata con il verdetto finale emerso ieri del vice primo ministro John Prescott.

---

iii Chi sono i sostenitori del progetto e che benefici pensano ne deriveranno per la zona?

iv Chi sono invece i nemici del progetto e perché vi si oppongono?

La costruzione della 'Scheggia di Cristallo' sarà realizzata dalla società immobiliare Sellar Property Group che ha affidato il progetto a Renzo Piano nel luglio del 2000, dopo essersi rivolta ad uno studio inglese che però non aveva presentato disegni soddisfacenti. La decisione di commissionare l'ambiziosa costruzione ad un architetto del calibro di Piano è stata inoltre motivata dalle numerose obiezioni che la proposta ha sollevato fin dall'inizio. Per evitare di doversi accontentare di una costruzione più contenuta, la Sellar ha così pensato di puntare su un architetto di indiscussa fama. Nonostante la consultazione e le modifiche apportate al progetto (il grattacielo inizialmente doveva avere 87 piani e non 66) la English Heritage continua a dichiararsi non soddisfatta. "La English Heritage non si oppone agli edifici alti per principio, ma crede che come tutte le nuove costruzioni, essi dovrebbero rispettare il contesto circostante ed essere collocati in modo da non avere un impatto negativo sul panorama ed altri edifici di valore internazionale", ha dichiarato l'organizzazione. Per Piano però la situazione è diversa. "I grattacieli normalmente sono edifici arroganti. Voglio realizzare qualcosa di più leggero, più ecologicamente sostenibile, meno intrusivo e più naturale", ha dichiarato l'architetto.

v Perché la Sellar Property Group ha affidato il progetto a Renzo Piano?

vi Come verrà modificato il progetto rispetto alle intenzioni iniziali?

vii Che tipo di grattacielo si propone di costruire Renzo Piano?

(Da: Maurizio Pizzuto, *Redazione CulturaWeb*, 21 novembre 2003)

2 Ancora un po' di futuro

Collega le seguenti frasi ai diversi usi del tempo futuro.

a intenzione futura   **b** annuncio ufficiale   **c** predizione futura

d supposizione presente

i Il treno per Napoli partirà dal binario 7 anziché 2. _____

ii Il presidente della Repubblica incontrerà oggi il premier britannico. _____

iii Presto verrò a trovarti a Roma. _____

iv Luisella non è ancora arrivata. Probabilmente dormirà ancora.

v Fra alcuni decenni troveremo in commercio robot capaci di fare tutti i lavori di casa.

_____

vi "Che ore fai?" "Non so, non ho l'orologio, ma sarà mezzanotte". _____

vii Giuro che pagherò. _____

viii Un giorno l'occidente dovrà rinunciare a tanto benessere. _____

10 Un anno all'estero

1 L'identità europea

 Leggi il seguente brano di Umberto Eco e rispondi alle domande.

Tempo fa in un'intervista mi è stato chiesto di definire l'identità europea. Bella faccenda. Mi sono ricordato di quello che avevo sentito dire un giorno da Tomàs Maldonado, che a una certa età non si hanno più idee, bensì aneddoti. La cosa non mi dispiace perché, come accadeva con le parabole evangeliche, gli aneddoti possono condensare molte idee. Così ho fatto ricorso ad un aneddoto personale.

Ho dunque raccontato che spesso, trovandomi oltre oceano, in America o in Asia, per un qualche convegno o altro evento universitario, terminata una giornata di interazione cordialissima con i colleghi locali, verso sera, dopo cena, davanti all'ultimo whisky, mi accorgo che finisco per parlare più volentieri con qualche collega europeo. Lo trovo più riposante, e non importa che sia svedese o bulgaro. Si fa meno fatica ad argomentare, si scopre che abbiamo molte cose in comune, una storia, un modo di pensare, persino molte esperienze (ad esempio una guerra mondiale vissuta in casa).

In quei casi scopro la mia identità europea. Chi mi aveva posto la domanda, aveva obiettato che un'esperienza del genere era accessibile a un intellettuale, ma che non era pensabile per un contadino che non aveva mai lasciato casa propria e non parlava altra lingua che quella natia. E aveva ragione.

Questa conversazione mi è tornata in mente una decina di giorni fa, quando a Firenze si è tenuto un incontro tra i rappresentanti delle regioni europee. Invitato a dire la mia, ho raccontato il mio aneddoto e mi sono domandato a quanti altri questo tipo di esperienza potesse essere allargato. Tanto per cominciare, potenzialmente, a tutti gli studenti. Il progetto Erasmus, una volta reso quasi obbligatorio, o comunque alla portata di tutti, farebbe sì che ogni studente passi almeno un anno della propria vita nelle scuole di un altro paese. Ho anzi sempre sostenuto che il progetto Erasmus ha non solo un valore intellettuale, ma anche sessuale, o se volete genetico. Mi è capitato di conoscere molti studenti e studentesse che, dopo un certo periodo trascorso all'estero, si sono sposati con una studentessa o uno studente locale. Se la tendenza si intensifica, visto che poi nascerebbero figli bilingui, in una trentina d'anni potremmo avere una classe dirigente europea almeno bilingue. E non sarebbe poco.

Il problema è: potrebbe l'idea dell'Erasmus essere estesa anche a chi non fa una professione intellettuale? L'assemblea delle regioni europee sembrava fatta apposta per discutere una questione del genere. L'Europa si avvia a diventare non solo una piattaforma per il confronto tra Stati nazionali, ma una confederazione di regioni.

Potrebbe quindi competere alle regioni di organizzare scambi, veri e propri periodi di visita e di lavoro all'estero, per i propri cittadini.

Non sarebbe il viaggio del turista, che del paese visitato vede solo i monumenti, o quello che le agenzie di viaggio gli fanno vedere (per cui il tedesco che passa l'estate a

Rimini vede il lungomare e la discoteca, ma può ignorare il Tempio Malatestiano e le belle e antiche piazze del centro). Sarebbe al contrario un modo di vivere un altro paese dal di dentro, portandovi le proprie competenze e acquisendone delle nuove.

Certo non è un progetto facile da realizzare. Proprio nella riunione fiorentina si è alzato il rappresentante di una regione del Regno Unito dicendo che lui si trova più a suo agio in Sud Africa che non in un altro paese europeo. Ma è proprio questo il punto. Spirito del Commonwealth a parte, costui esprimeva proprio le difficoltà dovute ai blocchi linguistici, per cui è ovvio che un gallese si trovi più a suo agio a Johannesburg che a Parigi. Perché può continuare a parlare inglese. La mia proposta riguardava esattamente il fatto che un gallese possa un giorno vivere in mezzo a gente che parla, per esempio, spagnolo, ed uscire pertanto dalla sua prigione linguistica.

Umberto Eco, L'Espresso, settembre 2003

i   Perché Umberto Eco trova più facile parlare con i colleghi europei?
ii Chi può sentirsi europeo con facilità e chi no?
iii Secondo Umberto Eco, quali possono essere le conseguenze pratiche del progetto Erasmus?
iv Che cosa potrebbero fare le singole regioni secondo lui?
v   Che cosa sosteneva il rappresentante di una regione del Regno Unito nella riunione avvenuta a Firenze?

2 Un anno in Inghilterra

  Ascolta l'intervista con Francesco che è appena tornato dall'Inghilterra dopo un anno di Erasmus e completa la scheda.

	Francesco
Dov'è andato? Che cosa ha studiato?	
Benefici	
Problemi	
Differenze tra l'università inglese e quella italiana	
Che cosa pensa di Londra	

3 La tua opinione

 Umberto Eco, nella sua lettera, sostiene che il progetto Erasmus dovrebbe essere obbligatorio per tutti gli studenti. Che cosa ne pensi?

Language learners often feel unsure about grammatical terms. The following list gives some simple definitions.

- Reference is made to Italian only when something distinctive about that language needs to be noted.
- Grammatical terms explained in the list appear in bold type.
- This guide is concerned only with the meanings of grammatical terms. A separate Italian grammar summary begins on page 151.

Adjective A word used to describe a **noun** ('an <u>interesting</u> woman'; 'the curry is <u>hot</u>').
See also **demonstrative adjective**, **possessive adjective**.

Adverb A word which describes (a) the action of a **verb** ('she sings <u>beautifully</u>', 'he cooks <u>well</u>') or, (b) modifies (= gives further information about) an **adjective** ('it's a <u>really</u> expensive car') or (c) modifies another adverb ('she sings <u>really</u> well').

Agree In English, **adjectives** do not change their form, but in Italian they have to agree with the noun they are describing in **gender** and **number**: if the noun is feminine, the adjective must be in the feminine form; if the noun is plural, so is the adjective.

Article <u>The</u> (called the definite article); <u>a</u> or <u>an</u> (called the indefinite article).

Auxiliary verb A supporting **verb** combining with another verb to form a **compound tense**. ('She <u>has</u> gone' = the auxiliary verb 'to have' used here to form the perfect tense by combining with the **past participle** of the verb 'to go'.)

Clause Subdivision of a sentence, which consists of one or more clauses, each containing a **verb**.

  Main clause: In a sentence with at least two clauses, it contains the *main verb*.

  Subordinate clause begins with a **subordinating conjunction** and gives further information, but cannot stand alone and make sense. A main clause does make sense on its own:

  'Peter was reading in the kitchen <u>while the kettle boiled</u>.'
          Main   Subordinate

  Relative clause is a subordinate clause beginning with a **relative pronoun**:

  'The hills <u>which you can see on the horizon</u> are in China.'
             Subordinate

Comparative Form of an **adjective** or **adverb** expressing a greater or lesser degree. Adjectives: 'that room is <u>bigger</u> than this one'; 'they've bought a <u>more expensive</u> car'; adverbs: 'it happens <u>more often</u> than you think'. See also **superlative**.

Compound tense A **tense** which is made up (compounded) of two parts: an **auxiliary verb** and a **past participle**.

Conditional A form of the **verb** used to say what would happen if a certain condition were met. In English, it is formed by combining the **auxiliary verb** 'would' with the **infinitive** of another verb ('if he had the money, he <u>would go</u> to America').

Conjunction A word which joins parts of a sentence ('he was tired <u>and</u> he wanted to go home'; 'they arrived early <u>because</u> they wanted a good place').

Coordinating conjunction (e.g. 'and' as in the example above) is a conjunction which joins two **clauses** of equal importance.

Subordinating conjunction (e.g. 'why', 'because', 'that', 'when' and 'while') links a **subordinate clause** to a **main clause**.

'Peter stayed at home <u>because</u> the weather was so bad.'

Continuous form Some languages (including Italian and English) have additional, continuous forms alongside each tense. They describe an action as it is going on.

'I can't talk now, <u>I'm getting on the train</u>.' (the present continuous)

Demonstrative adjective These 'point out' **nouns** (<u>this</u> chair/<u>these</u> chairs; <u>that</u> house/<u>those</u> houses).

Direct object The word which directly undergoes the action of the verb. In the sentence 'she sent her mother a present', what she sent was a present, so that is the direct object. She did not send her mother! See also **Indirect object**.

Gender In Italian, all **nouns** have a grammatical **gender**, masculine or feminine, and **adjectives** have to **agree** with it.

Gerund Verb form used in **continuous tenses** ('I was <u>running</u> too fast') and turning verbs into **nouns** ('<u>Travelling</u> is a pleasure').

Imperative Verb form used in giving commands and instructions ('<u>Turn</u> left now!').

Imperfect Past **tense** describing an on-going situation rather than an event.

Indicative Normal **tense** system as opposed to the alternative tense system called the **subjunctive**.

Indirect object A secondary **object**. In the sentence 'she sent her mother a present', the direct object, the thing which is sent, is the present. It was sent to her mother, the indirect object.

Infinitive The basic form of a **verb** ('<u>to sing</u>'; '<u>to write</u>').

Intransitive verb Verb that doesn't take a direct object e.g. 'to arrive': 'She arrived at 1.30.'

Irregular verb Verb that does not follow a standard pattern (see page 160).

Modal verb One of a group of verbs which combines with another verb to express possibility, obligation or permission. For example, <u>can</u>, <u>could</u>, <u>should</u>, <u>must</u>, <u>may</u>.

Noun Word denoting a person ('<u>student</u>'), a thing ('<u>book</u>') or an abstract idea ('<u>happiness</u>').

Number Whether a word is **singular** or **plural**.

Object The **noun** or **pronoun** which undergoes the action of the **verb**: 'We bought a <u>house</u>'; 'I saw <u>him</u>'.

Object pronoun Pronoun representing the **object** of the **verb**: <u>me</u>, <u>you</u>, <u>him</u>, <u>her</u>, <u>it</u>, <u>us</u>, <u>them</u>.

Passive Verb form in which the **subject** undergoes the action of the **verb**. There are various **tenses** (e.g. 'she <u>is seen</u>'; 'she <u>has been seen</u>'; 'she <u>will be seen</u>', etc). Most languages have ways of avoiding the passive.

Past participle Part of the **verb** which combines with an **auxiliary verb** to form the perfect tense ('they have <u>arrived</u>'; 'I have <u>seen</u>') or another **compound tense**.

Plural   More than one: the plural of 'man' is 'men'.

Possessive adjective   For example, 'my house', 'your friend', 'his car', etc.

Possessive pronoun   For example, 'That car is mine. Which is yours?'

Preposition   For example, 'on the table', 'under the chair', 'to the station', 'for the teacher', etc.

Pronoun   Word taking the place of a **noun**. 'Peter saw the waitress' becomes 'he saw her'.

Reflexive verb   In Italian, **verb** formed with an extra **pronoun** (called a reflexive pronoun) e.g. chiamar**si**: (present tense) **Mi chiamo Maria**.

Regular verb   Verb that follows a standard pattern (see page 159).

Relative pronoun   **Pronoun** used to refer back to a noun earlier in the sentence. For example, 'the man who lives there is very old'; 'the book which he chose…'; 'the woman/film that he saw…'.

Singular   One rather than many: the singular of 'bananas' is 'banana'.

Subject   Who or what carries out the action of the **verb**. 'A student sent me this email'; 'we are travelling next week'; 'the letter arrived yesterday'.

Subject pronoun   Pronoun representing the **subject** of the **verb**: I, you, he, she, it, we, they.

Superlative   Form of an **adjective** or **adverb** expressing the maximum degree. Adjectives: 'the oldest inhabitant', 'the most expensive car'; adverb: 'Joan sings loudest'.

Tense   Form taken by a **verb** to show when the action takes place. For example, present tense: 'they live in New York'; past tense: 'they lived in New York'; future tense: 'they will live in New York', etc.

Transitive verb   Verb which takes a **direct object**, unlike an **intransitive verb**.
'He ate the apple.'

Verb   Word indicating an action ('they ate their dinner') or a state ('the book lay on the table'). Different **tenses** are used to show when something happened.

GRAMMATICA

This a short summary of the grammar covered in the book. If you are not familiar with grammatical terms, please read carefully through the *Guida ai termini grammaticali* on the previous three pages. You will find it a useful introduction to this section.

Nouns ...

... have a gender – masculine or feminine.
- Nouns ending in **-o** are usually masculine; nouns ending in **-a** are usually feminine; nouns ending in **-e** can be either.

Some common exceptions: **il problema, il clima, il cinema; la radio, la mano**. Nouns ending in **-ista** can be masculine and feminine: **il/la dentista**.

... have a number – singular or plural.
- In the plural masculine nouns ending in **-o** change into **-i**; feminine nouns ending in **-a** change into **-e**; those ending in **-e** change into **-i**.

Many parts of the body have irregular plurals: **il braccio – le braccia; il ginocchio – le ginocchia; il dito – le dita; il labbro – le labbra**.

Articles

	Definite	Indefinite	Partitive*
	'the'	'a'	'some'/'any'
masculine singular	**il / l' / lo**	**un / uno**	**del / dell' / dello**
feminine singular	**la / l'**	**una / un'**	**della / dell'**
masculine plural	**i / gli**		**dei / degli**
feminine plural	**le**		**delle**

* Partitive articles are used to express an indefinite quantity (some/any/a few). To translate 'some', you can also use **qualche** followed by a countable noun in the singular, and **un po' di** followed by an uncountable noun or by a countable noun in the plural.

> **Vorrei qualche mela e un po' d'uva. Prendo anche un po' di carote.**
> I would like a few apples and some grapes. I'll also have some carrots.

Adjectives ...

... normally come after the noun they refer to and must agree with it in gender and number. There are two categories of adjectives:

1 adjectives ending in **-o** / **-a** in the singular, and **-i** / **-e** in the plural.

> **un ragazzo italiano** (m s), **una ragazza italiana** (f s)
> **due ragazzi italiani** (m pl), **due ragazze italiane** (f pl)

2 adjectives ending in **-e** both in the feminine and masculine singular, and **-i** in the plural.

> **un ragazzo inglese** (m s), **una ragazza inglese** (f s)
> **due ragazzi inglesi** (m pl), **due ragazze inglesi** (f pl)

Demonstrative adjectives ...

... **questo** and **quello** precede the noun they refer to. **Questo** (this, these) has regular endings:
questo ragazzo, **questa** ragazza; **questi** ragazzi, **queste** ragazze.
The endings of **quello** (that, those) are the same as the definite articles: **quel** ragazzo, **quell**'amico,
quella ragazza, **quell**'amica; **quei** ragazzi, **quegli** amici, **quelle** ragazze/amiche.

The comparative

To compare one thing with another, **più** 'more' and **meno** 'less' are used, followed by the adjective
and then **di**.

> **Roma è più antica di Venezia.** Rome is more ancient than Venice.

Che is used instead of **di** when the comparison is either between two verbs, two adjectives, two
adverbs, or before nouns or pronouns preceded by prepositions.

> **Lavorare è più stressante che studiare.** Working is more stressful than studying.
> **Il mio uomo è più bello che intelligente.** My man is more beautiful than intelligent.
> **Il nuovo segretario lavora più velocemente che accuratamente.** The new secretary works
> more rapidly than accurately.
> **Mangiare a casa è meno costoso che al ristorante.** Eating at home is less expensive than
> going to the restaurant.

The superlative

The *relative* superlative is formed by using the definite article followed by the comparative and then
di.

> **Londra è la città più cara d'Europa e forse del mondo.** London is the most expensive city
> in Europe and perhaps in the world.

The *absolute* superlative is formed by adding **-issimo** to the root of the adjective or by placing **molto**
before the adjective.

> **Venezia è bellissima/molto bella.** Venice is very beautiful.

There are adjectives that have both a regular and an irregular comparative and superlative.

	regular comparative	irregular comparative	regular superlative	irregular superlative
buono	**più buono**	**migliore**	**buonissimo**	**ottimo**
cattivo	**più cattivo**	**peggiore**	**cattivissimo**	**pessimo**
grande	**più grande**	**maggiore**	**grandissimo**	**massimo**
piccolo	**più piccolo**	**minore**	**piccolissimo**	**minimo**

On many occasions there is no difference in meaning.

> **Secondo me, questo formaggio è migliore/più buono.** In my opinion, this cheese is better.

The irregular form is preferred when talking about abstract concepts.

> **Quello che dicono è di minore importanza.** What they say is of minor importance.

Adverbs ...

... are invariable. Adverbs of manner indicate how an action is performed. The most common end in **-mente**.

> **Parla <u>bene</u> l'italiano, ma <u>lentamente</u>.** He speaks Italian well, but slowly.

Adverbs of place

qui	here	**in fondo**	at/to the end
lì	there	**(qui) vicino**	nearby
dove	where	**lontano**	far away
accanto	next	**a sinistra**	on the left
di fronte	opposite	**a destra**	on the right
dietro	behind	**davanti**	in front

> **Posso sedermi <u>davanti</u>.** I can sit in front.
> **Puoi prendere l'autobus <u>qui vicino</u>.** You can catch the bus nearby.

With the addition of **a/di/da**, some adverbs of place become prepositions: **accanto a** next to, **di fronte a** opposite, **dietro (a)** behind, **in fondo a** at the end of, **vicino a** near, **lontano da** far from, **a sinistra di** on the left of, **a destra di** on the right of.

> **Hanno messo la macchina <u>davanti alla</u> mia.** They put their car in front of mine.
> **Abito <u>vicino al</u> mercato.** I live near the market.

Adverbs of frequency

sempre	always	**ogni tanto**	every now and then
molto spesso	very often	**quasi mai**	almost never
spesso	often	**non ... mai**	never
qualche volta	sometimes		

They are placed after the verb or between the auxiliary and the past participle.

> **Gabriella va spesso a Venezia.** Gabriella often goes to Venice.
> **Leonardo è sempre in ufficio.** Leonardo is always in the office.
> **Non hanno mai visitato Siracusa.** They've never visited Siracusa.

Adverbs of quantity

troppo	too much; too	**abbastanza**	quite; enough
molto	a lot/very much; very	**poco**	very little; not very

They are placed <u>after</u> a verb or BEFORE an adjective or another adverb.

> **Dorme troppo.** He sleeps too much.
> **È troppo stanco.** He is too tired.

> **Parto abbastanza tardi.** I'll leave quite late.
> **Sei abbastanza forte.** You're strong enough.

Pronouns

Personal pronouns

Subject	Direct object	Indirect object	Reflexive
io	mi	mi	mi
tu	ti	ti	ti
lui, lei, Lei	lo, la, La	gli, le, Le	si
noi	ci	ci	ci
voi	vi	vi	vi
loro	li (m), le (f)	gli (loro)*	si

*Note that **gli** is used more often than **loro**.

Combined personal pronouns

When two object pronouns are used together, the order is as in the table below:

		Indirect					
		mi	ti	gli, le	ci	vi	gli
Direct	lo	me lo	te lo	glielo	ce lo	ve lo	glielo
	la	me la	te la	gliela	ce la	ve la	gliela
	li	me li	te li	glieli	ce li	ve li	glieli
	le	me le	te le	gliele	ce le	ve le	gliele

All *object pronouns* (direct, indirect, combined) are always placed before the verb, except with the imperative, infinitive and sometimes with the gerund, where they are added on to the end of the word.

Se lo vedo, glielo compro.	If I see it, I'll buy it for her.
Compramelo.	Buy it for me.
Vado a comprarlo.	I am going to buy it.
Comprandolo fai un affare.	In buying it you are striking a bargain.

Demonstrative pronouns

	singular	plural
Masculine	questo	questi
	quello	quelli
Feminine	questa	queste
	quella	quelle

The demonstratives can be adjectives (i.e. followed by a noun, see page 152) or pronouns (i.e. on their own), as in these examples.

Chi è questo? Who is this?
Fra le due foto, preferisco quella. Of the two photos, I prefer that one.

Prepositions

Prepositions cannot be translated literally. The most common prepositions are:

di	of, from	**con**	with
a	to, in	**su**	on, about
da	from, to/at, by	**per**	for
in	in, to	**tra/fra**	between, among

da and **per**

When **da** and **per** are used with time expressions, the following rules apply:

• if the action has been completed:

> **passato prossimo** + **per** + time
>
> **Gina ha studiato a Roma per sei mesi.** Gina studied in Rome for 6 months.
> (and she doesn't any longer)

• if the action is still occurring:

> present tense (or imperfect) + **da** + time
>
> **Jean abita in Italia da sei mesi.** Jean has been living in Italy for 6 months.
> (and she is still living there now)

Combined prepositions

The basic prepositions **di, a, da, in, su** contract and combine with the definite article to form a single word. The chart below shows you the most widely used combinations.

	il	lo	la	l'	i	gli	le
a	**al**	**allo**	**alla**	**all'**	**ai**	**agli**	**alle**
di	**del**	**dello**	**della**	**dell'**	**dei**	**degli**	**delle**
da	**dal**	**dallo**	**dalla**	**dall'**	**dai**	**dagli**	**dalle**
in	**nel**	**nello**	**nella**	**nell'**	**nei**	**negli**	**nelle**
su	**sul**	**sullo**	**sulla**	**sull'**	**sui**	**sugli**	**sulle**

La medicina olistica sottolinea la responsabilità <u>dell'</u>individuo <u>nel</u> mantenimento <u>del</u> proprio benessere e <u>della</u> propria salute e sostiene che la diminuita resistenza causata <u>dalle</u> cattive abitudini e <u>dallo</u> stress predispone il soggetto <u>alla</u> malattia.

Holistic medicine focusses on the responsibility of the individual in the upkeep of their own well-being and of their own health and maintains that diminished resistance caused by bad habits and by stress predisposes the subject to illnesses.

Verbs

- Italian verbs are normally classified, by the ending on the *infinitive form*, into three categories: **-are**, **-ere**, **-ire** verbs (e.g. **lavorare, prendere, partire**). The tables starting on page 159 show the regular pattern for each category in the various tenses.

- Irregular verbs are not necessarily irregular in every tense. Most irregular verbs present stem changes, but maintain the regular endings. See the irregular verbs tables starting on page 160.

- Note that when you look up the verb in the dictionary, you will not normally find the specific form used in the text you are reading, but the *infinitive* (e.g. NOT **parlavo, parleremo, hai parlato** BUT **parlare**).

- When a verb is laid out in a table in a grammar reference book or course book, it is normally in the order **io** (I), **tu** (you sing.), **lui/lei** (he/she), **noi** (we), **voi** (you pl.), **loro** (they). Remember that the formal **Lei** (formal you) takes the third person singular (**lui/lei**) endings.

- As each person of an Italian verb has a distinctive ending, the subject pronouns listed above can be left out, unless there is ambiguity.

- The *simple* tenses (so-called because they are just one word) add endings to the stem of the verb. The compound tenses combine an *auxiliary* verb, **essere** or **avere**, with a past participle or the auxiliary **stare** with the gerund.

- The perfect and the imperfect are placed next to each other in the verb tables. They give a different perspective on the past, rather like the English 'I <u>worked</u> in Italy for 15 years' compared with 'I met my husband while I <u>was working</u> in Italy'. In both instances we are talking about the same time, but in the first case we are stating the fact that I worked in Italy in the past and the action is completed. In the second case what we are interested in is when the main action happened (I met my husband): 'working in Italy' was the ongoing background.

Verbs: tense formation and use

Present tense

- Regular verbs. The present tense of regular verbs is formed by dropping the infinitive ending **-are**, **-ere, -ire**, and adding the present tense endings to the verb stem (see table on page 159). Remember that the Italian present tense can be used for both a habitual action and an action happening right now.

  Parlo inglese a casa. I speak English at home.
  Parlo italiano in questo momento. Right now I'm speaking Italian.

- Reflexive verbs. The regular reflexive verbs are conjugated like any other regular verb. However, you must remember to add the reflexive pronoun (**mi, ti, si, ci, vi**) in front of each person.

Past tenses

In Italian there are a number of tenses to express an action or event that happened in the past: the **passato prossimo** (perfect), the **imperfetto** (imperfect) and the **passato remoto**. *Foundations* Italian 2 focuses on the first two.

The Perfect

This tense is used to relate actions completed in the past and also in a recent past which may have links to the present. The perfect is a compound tense formed by the present tense of **essere** or **avere** and the past participle of the main verb.

- The past participle or **participio passato** of regular verbs is formed by adding the endings **-ato, -uto, -ito** to the stem of the verb.

- The past participle of verbs conjugated with **avere** does not agree with the subject. As a general rule, the auxiliary verb **avere** is used with *transitive verbs*, i.e. verbs taking a direct object. Note that the following *intransitive verbs* also take the auxiliary **avere**: **ridere** to laugh, **dormire** to sleep, **passeggiare** to walk, **sciare** to ski, **viaggiare** to travel, **nuotare** to swim.

- The auxiliary verb **essere** is used with intransitive verbs, i.e. verbs taking an indirect object, and with reflexive verbs. In this case, the past participle agrees with the subject. Here are some examples of intransitive verbs: **cadere** to fall, **andare** to go, **salire** to climb, **diventare** to become, **nascere** to be born, **morire** to die, **stare** to be/to stay, **rimanere** to remain, **uscire** to go out.

- The perfect of **piacere** takes the auxiliary **essere**. Note that the past participle **piaciuto** agrees in gender and number with the thing that is liked.

    Mi è piaciuto il pranzo. I liked the lunch. **Ti è piaciuta la cena?** Did you like the dinner?

- The perfect of the modal verbs is formed with the auxiliary determined by the verb that follows.

    Sono dovuto andare via. I had to go away. **Ho dovuto studiare.** I had to study.

The Imperfect

The imperfect is used:

- to indicate <u>habitual</u> or <u>repeated</u> happenings in the past, i.e. what used to happen.
    Andavo al mare tutte le estati. I used to go to the seaside every summer.

- to describe a <u>situation</u> in the past.
    La mia macchina non partiva. My car wasn't starting.

- to say <u>what was happening</u> at a particular point in time. In this case the imperfect indicates what was going on at that point in time and the **passato prossimo** (perfect) indicates what then (suddenly) happened.
    Mentre giocavo a pallavolo sono caduto. While I was playing volleyball, I fell.

The imperfect is formed by removing the infinitive ending and by adding the imperfect endings to the stem (see table on page 159).

The Gerund

The gerund is invariable and it is formed by adding **-ando** to the stem of the **-are** verbs and **-endo** to the stem of the **-ere** and **-ire** verbs.

Used in participial phrases, the gerund indicates how a certain result can be achieved.

    Si impara una lingua leggendo molto. One can learn a language by reading a lot.

Used in conjunction with the verb **stare** the gerund relates actions taking place at the time of speaking (present/past continuous).

> **Laura sta/stava parlando al telefono.** Laura is/was talking on the phone.

With reflexive verbs the reflexive pronouns generally come before **stare**.

> **Gina si sta vestendo.** Gina is getting dressed.

The Imperative

The imperative is used to express an order, a suggestion, an invitation or a request. The imperative can be informal and formal (see table on page 159). Note that the formal negative imperative is formed using **non** + the imperative, but the informal **tu** is rendered by **non** + the infinitive.

The Future

The future tense is used to describe future events, regardless of whether they occur in the near or distant future. It is formed with a stem derived from the infinitive + the future tense endings for each verb category (see table on page 159).

The future tense is also used:

• to express suppositions, probability and approximation.

• after **se** or a conjunction of time in the future, even when in English the present tense is used.

> **Se arriveremo presto, ti telefoneremo immediatamente.** If we arrive early, we'll ring you immediately.

Remember the future can also be expressed with the present tense, especially when a high degree of certainty is implied. Where there is little certainty about a future event, the following expressions can be used: **penso di** + infinitive and **forse** + present tense.

The Conditional

The conditional is generally used where in English we find the word 'would', when referring to actions or events which may never be fulfilled or where there is an implied condition.

The conditional can also be used, as in English, to soften a request or command; similarly it is used to express a preference, advice or a suggestion (often using the modal verbs).

The conditional tense is formed with a stem derived from the infinitive + the conditional tense endings for each verb category (see table on page 159).

Verb tables: regular verb patterns

-are verbs

Present	**Perfect**	**Imperfect**
am**o**	ho amato	am**avo**
am**i**	hai amato	am**avi**
am**a**	ha amato	am**ava**
am**iamo**	abbiamo amato	am**avamo**
am**ate**	avete amato	am**avate**
am**ano**	hanno amato	am**avano**

Future	**Conditional**	**Imperative**
am**erò**	am**erei**	
am**erai**	am**eresti**	(tu) am**a**
am**erà**	am**erebbe**	(voi) am**ate**
am**eremo**	am**eremmo**	
am**erete**	am**ereste**	(Lei) am**i**
am**eranno**	am**erebbero**	(Loro) am**ino**

Gerund	**Past participle**
am**ando**	am**ato**

-ere verbs

Present	**Perfect**	**Imperfect**
vend**o**	ho venduto	vend**evo**
vend**i**	hai venduto	vend**evi**
vend**e**	ha venduto	vend**eva**
vend**iamo**	abbiamo venduto	vend**evamo**
vend**ete**	avete venduto	vend**evate**
vend**ono**	hanno venduto	vend**evano**

Future	**Conditional**	**Imperative**
vend**erò**	vend**erei**	
vend**erai**	vend**eresti**	(tu) vend**i**
vend**erà**	vend**erebbe**	(voi) vend**ete**
vend**eremo**	vend**eremmo**	
vend**erete**	vend**ereste**	(Lei) vend**a**
vend**eranno**	vend**erebbero**	(Loro) vend**ano**

Gerund	**Past participle**
vend**endo**	vend**uto**

-ire verbs

Present		Perfect	Imperfect
part**o**	fini**sco***	sono partito/a	part**ivo**
part**i**	fin**isci**	sei partito/a	part**ivi**
part**e**	fin**isce**	è partito/a	part**iva**
part**iamo**	fin**iamo**	siamo partiti/e	part**ivamo**
part**ite**	fin**ite**	siete partiti/e	part**ivate**
part**ono**	fin**iscono**	sono partiti/e	part**ivano**

Future	Conditional		Imperative	
part**irò**	part**irei**			
part**irai**	part**iresti**	(tu)	part**i**	fin**isci***
part**irà**	part**irebbe**	(voi)	part**ite**	fin**ite**
part**iremo**	part**iremmo**			
part**irete**	part**ireste**	(Lei)	part**a**	fin**isca**
part**iranno**	part**irebbero**	(Loro)	part**ano**	fin**iscano**

Gerund	Past participle
part**endo**	part**ito**

* Some **-ire** verbs add **isc** in the present tense and the imperative: **finire**, **capire**, **preferire**, **pulire**, **spedire**, etc.

Verb tables: irregular verbs

Present tense

avere	essere	fare	andare
ho	sono	faccio	vado
hai	sei	fai	vai
ha	è	fa	va
abbiamo	siamo	facciamo	andiamo
avete	siete	fate	andate
hanno	sono	fanno	vanno

dare	bere	uscire	venire
do	bevo	esco	vengo
dai	bevi	esci	vieni
dà	beve	esce	viene
diamo	beviamo	usciamo	veniamo
date	bevete	uscite	venite
danno	bevono	escono	vengono

potere	volere	dovere
posso	voglio	devo
puoi	vuoi	devi
può	vuole	deve
possiamo	vogliamo	dobbiamo
potete	volete	dovete
possono	vogliono	devono

Present tense of verbs ending in -orre, -urre and -arre

proporre	tradurre	attrarre
propongo	traduco	attraggo
proponi	traduci	attrai
propone	traduce	attrae
proponiamo	traduciamo	attraiamo
proponete	traducete	attraete
propongono	traducono	attraggono

Past participle

bere	**bevuto**	mettere	**messo**	ridere	**riso**
dire	**detto**	morire	**morto**	rispondere	**risposto**
essere	**stato**	nascere	**nato**	scrivere	**scritto**
fare	**fatto**	piangere	**pianto**	succedere	**successo**
leggere	**letto**	prendere	**preso**	vedere	**visto**

Imperfect

essere	fare	dire
ero	facevo	dicevo
eri	facevi	dicevi
era	faceva	diceva
eravamo	facevamo	dicevamo
eravate	facevate	dicevate
erano	facevano	dicevano

bere	tradurre	proporre
bevevo	traducevo	proponevo
bevevi	traducevi	proponevi
beveva	traduceva	proponeva
bevevamo	traducevamo	proponevamo
bevevate	traducevate	proponevate
bevevano	traducevano	proponevano

Future

essere	fare	dovere
sarò	farò	dovrò
sarai	farai	dovrai
sarà	farà	dovrà
saremo	faremo	dovremo
sarete	farete	dovrete
saranno	faranno	dovranno

Other irregular futures are: potere – **potrò**; dire – **dirò**; andare – **andrò**; avere – **avrò**; cadere – **cadrò**; dare – **darò**; sapere – **saprò**; stare – **starò**; vedere – **vedrò**; vivere – **vivrò**; bere – **berrò**; tenere – **terrò**; venire – **verrò**; rimanere – **rimarrò**; volere – **vorrò**.

Conditional

essere	fare	dovere
sarei	farei	dovrei
saresti	faresti	dovresti
sarebbe	farebbe	dovrebbe
saremmo	faremmo	dovremmo
sareste	fareste	dovreste
sarebbero	farebbero	dovrebbero

Other irregular verbs are: potere – **potrei**; dire – **direi**; andare – **andrei**; avere – **avrei**; cadere – **cadrei**; dare – **darei**; sapere – **saprei**; stare – **starei**; vedere – **vedrei**; vivere – **vivrei**; bere – **berrei**; tenere – **terrei**; venire – **verrei**; rimanere – **rimarrei**; volere – **vorrei**.

Imperative

	avere	essere	venire	dire
(tu)	abbia	sii	vieni	di'
(noi)	abbiate	siate	venite	dite
(Lei)	abbia	sia	venga	dica
(Loro)	abbiano	siano	vengano	dicano

	fare	andare	dare	stare
(tu)	fa'/fai	va'/vai	da'/dai	sta'/stai
(noi)	fate	andate	date	state
(Lei)	faccia	vada	dia	stia
(Loro)	facciano	vadano	diano	stiano

Other structures

The verb 'piacere'

The verb **piacere** 'to like' is literally equivalent to the English 'to be pleasing to'. There are two different constructions:

1 **mi/ti/Le ... piace** + infinitive, where **piacere** is used only in the third person singular.

   Mi piace viaggiare. I like travelling.

2 **mi/ti/Le ... piace** + singular noun.

   Ci piace il calcio. We like football.

   mi/ti/Le ... piacciono + plural noun.

   Le piacciono i fumetti. She likes comics.

Careful! Do not confuse **mi dispiace** 'I am sorry' with **non mi piace** 'I don't like (it)'.

Si può / si possono

They express the impersonal form, equivalent to the English 'you can' and they are always followed by the infinitive.

Si può + infinitive is used on its own or with a singular noun.

   Si può fumare. One can smoke.   **Si può fare la doccia.** One can have a shower.

Si possono + infinitive is used with a plural noun.

   Si possono fare i biglietti qui. One can buy tickets here.

Ci vuole / ci vogliono

They are equivalent to the English 'it takes/one needs'.

Ci vuole + singular noun.

   Ci vuole un'ora. It takes an hour.

Ci vogliono + plural nouns.

   Ci vogliono due ore. It takes two hours.

Sapere / conoscere

Both correspond to the English 'to know'. However, **conoscere** is only used in conjunction with a noun (either a person or a place). **Sapere** can also mean 'to be able to'.

   Conosco Roma. I know Rome.   **So guidare.** I can drive.

Cerca di / prova a / dovresti

These expressions are used to give advice, and they are all followed by the infinitive.

   Cerca di/Prova a/Dovresti fare del moto. Try to/You should take some exercise.

Connectives

Connectives are conjunctions (**mentre, prima che,** etc.) or adverbs (**prima, poi, purtroppo,** etc.) that link words or groups of words. Some common ones are:

all'inizio	at the beginning
alla fine	at the end
poi / dopo / in seguito	then, after
mentre	while
invece di	instead of
quindi / e così	therefore
per fortuna	luckily
purtroppo	unfortunately

VOCABOLARIO

I nomi che finiscono in -o sono generalmente maschili e quelli che finiscono in -a femminili. Il genere dei nomi viene dato solo per le eccezioni e per i nomi che finiscono in -e.

m = maschile; f = femminile; m/f = maschile o femminile secondo i casi; pl = plurale; s = singolare

a causa di	due to, because of
a fin di bene	with good intentions
a rilento	slowly
abbassare	to lower
abbattere	to cut down
abbattere i costi	to reduce costs
abbellire	to make beautiful
abbronzato	tanned
abitante	inhabitant
abituarsi	to get used to
abitudini	habits
accendere	to switch on
accompagnare	to accompany
accontentarsi	to settle with
accorciare	to shorten
accorgersi	to realise
aceto	vinegar
acquisire	to acquire
acquistare	to buy
acquisto	purchase/buy
addormentarsi	to fall asleep
adeguarsi	to adapt
affari	business
affascinante	charming
affiatato	harmonious
affidabilità	reliability
affidare	to grant, to entrust
aggiornato	up to date
aggravarsi	to worsen
agrume (m)	citrus
aiuola	flower bed
aiutare	to help
al volo	quickly
albero	tree
alimentari (negozio di)	grocery shop
alla portata	accessible
allargarsi	to extend
allattare	to suckle
alloro	bay leaves
almeno	at least
altoparlante (m)	loud speaker
altrimenti	otherwise

alzare	to raise
ambiente (m)	habitat
ameno	pleasant
andamento	trend
anello	ring
anguria	water melon
anima gemella	soul mate
annacquato	watered down
anniversario	anniversary
annoiarsi	to get bored
anteporre	to place before
appartenere	to belong
appiccicoso	sticky
appoggiare	to back up
appoggiarsi	to lean onto
appunti (m pl)	notes
arancione	orange
argomentare	to debate
arrabbiato	angry
arrampicarsi	to climb
arricchirsi	to get rich
asciugamano	towel
aspettarsi	to expect
assomigliare	to look like
astemio	teetotal
astro	star
atterraggio	landing
aula	classroom
aumentare	to grow
aumentare di peso	to put on weight
autostrada	motorway
avere il raffreddore	to have a cold
avere la febbre	to have a temperature
avere mal di gola	to have a sore throat
avere mal di stomaco	to have a stomach ache
avere voglia (di)	to feel like, to fancy
avviare	to set in motion
avviarsi	to be on the way
avvicinarsi	to approach
avvistare	to catch sight of
bagaglio	baggage
bagnino	bathing-attendant
bagno	bath, swim
bandire	to ban
basato	based on
basilico	basil
bastone (m)	stick
battente (m)	door
battere i denti	to shiver
batteria	battery

beato te!	lucky you!	cedere	to give in
Bel Paese	Italy	cellulare (m)	mobile phone
beneficio	benefit	centrale (f)	exchange, centre
benessere (m)	wealth, well-being	che noia!	what a bore!
bianco	white	che peccato!	what a pity!
bilancia	scales	chiasso	noise, din
bloc notes	note-book	chiave (f)	key
bolletta	utility bill	chilo	kilo
borsa	bag	chiromante (m/f)	fortune-teller
borsa di studio	scholarship	chissà	hopefully
bosco	wood	ci vuole / ci vogliono	it takes
botte (f)	barrel	cipolla	onion
bottega	workshop	circolazione (f) linfatica	lymphatic circulation
botto	bang	circostante	surrounding
braccio	arm	classe (f) dirigente	ruling class
brama	desire, longing	coda	queue, tail, ponytail
bravata	prank	coinvolgente	gripping
brindisi (m s)	toast	coinvolgere	to involve
bronzo	copper	collant (m pl)	stockings, tights
bruciare	to burn	collaterali (effetti)	side (effects)
brusco	brusque	colle (m)	hill
bue (m)	ox	collegare	to associate
bugia	lie	collo	neck
bugiardo	liar	collocare	to put
buttare giù	to knock down	colloquio	interview
		colpo di fulmine	love at first sight
calpestare	to tread on	commerciante (m/f)	shopkeeper
calze (f pl)	stockings	commesso viaggiatore	travelling salesman
calzino	sock	commovente	moving
camerino	changing room	compilare	to fill in
camicetta	blouse	compleanno	birthday
camicia	shirt	comporre	to dial
camino	fireplace	compromettente	compromising
campanello	bell	conceria	tannery
campo	sports ground/field	condominio	block of flats
cane (m) lupo	German shepherd dog	conducente (m/f)	driver
capitare	to happen	congegno	device
capolavoro	masterpiece	congiura	plot, conspiracy
capoluogo	regional capital	consegnare	to deliver
cappellino	small hat	conseguito	obtained
cappello	hat	consiglio	advice
capperi (m pl)	capers	consolare	to cheer up
cappotto	coat	consumare	to consume, to order
caprese (insalata)	Caprese salad	contabilità	accounting, book-keeping
carenza	lack	contadino	peasant
carro	cart	conto	account
carrozza	carriage	convincere	to persuade
cartello	sign	convivenza	living together
cartello pubblicitario	hoarding	cortile (m)	courtyard
casa editrice	publishing house	costituire	to represent
cascarci	to be tricked	crescere	to grow up
casco	helmet	crocetta	cross, tick
casseruola	saucepan	cronico	chronic
cataclisma (m)	catastrophe	cuccetta	couchette
catrame (m)	tar	curare	to take care of
cattivo	bad, mischievous		
caviglia	ankle	dare da mangiare	to feed
cavo	lead	dare fastidio	to annoy

dare un film	to show a film
datore (*m*) di lavoro	employer
davanzale (*m*)	window sill
debito	debt
decollo	take off
deludere	to disappoint
dentifricio	toothpaste
depresso	depressed
depurare	to detoxify
di moda	fashionable
diavolo	devil
difetto	defect
diminuire	to decrease
dintorni	surroundings
dipingere	to paint
discarica	dumping ground
discendente	descendent
disoccupato	unemployed
disperdersi	to waste one's time
disponibile	available
dito	finger
diventare	to become
divertimento	entertainment
docente (*m/f*)	university lecturer
dogana	customs
dondolo	swing
dubbio	doubt
durata	duration
edificio	building
edilizia	building industry
edilizio	building (adj)
effetto nudo	naked effect
effettuare	to carry out
efficace	effective
efficienza	efficiency
egoista (*m/f*)	selfish
elevato	high
eliminazione (*f*)	removal
emergere	to emerge
emotivo	emotional
ennesimo	hundredth
erba	grass
erede (*m/f*)	heir
esagerare	to exaggerate
esclamare	to exclaim
escursione (*f*)	trip
esigente	demanding
esilio	exile
essere acqua passata	to be ancient history
essere al verde	to be penniless
essere ambientato	to be set
essere bocciato	to fail
essere d'intralcio	to be an obstacle
essere raffreddato	to have a cold
essere tenuto a	to be obliged to
estero	abroad
evaporare	to evaporate

evidenziare	to highlight
faccenda	enterprise, thing
faccia	face
fame (*f*)	hunger
fare a pezzi	to cut into pieces
fare affidamento	to rely on
fare finta	to pretend
fare il bucato	to do the laundry
fare il/la pendolare	to commute
fare le ore piccole	to stay up till late
fare le valigie	to pack
fare moto	to exercise
fare ricorso a	to resort to
fascia	group
fatica/faticaccia	effort
fava	broad bean
febbre (*f*)	temperature, fever
fermarsi	to stop
festeggiare	to celebrate
fiaba	fairy tale
fiamma	flame
fidanzata	fiancée
filiale (*f*)	branch
fiore (*m*)	flower
fischiare	to whistle
forca	fork
forma	shape
fornello	burner
fornire	to supply
foruncolo	spot
freddezza	coldness
frenetico	hectic
frequentare	to attend/to go around with
friggere	to fry
frutteto	orchard
fruttivendolo	greengrocer
fumetti (*m pl*)	comics
furto	theft
gamba	leg
gara	competition
gastronomico	gastronomic
gemello	twin
gesto	gesture
giacca	jacket
giallo	yellow
gilet (*m*)	waistcoat
ginocchio	knee
giocatore (*m*)	player
giovanile	young
gita	trip
giungere	to reach
giurare	to swear
gomito	elbow
gonna	skirt
gradire	to enjoy
grafia	writing

grammo	gram	lampione (*m*)	lamppost
grappa	grappa (an alcoholic drink)	lavatrice (*f*)	washing machine
grassi cattivi (*m pl*)	bad fats	legame (*m*)	bond
grattacielo	skyscraper	legato	linked to
gratuito	for free	leggero	light
grigio	grey	legionario	legionnaire
guadagnare	to earn	legna	fire wood
guadagno	profit	lentamente	slowly
guardaroba (*m*)	wardrobe	lentiggine (*f*)	freckle
guarigione (*f*)	recovery	lento	slow
guidare	to drive	licenziamento	dismissal, sacking
gusto	taste	licenziare	to dismiss, to sack
		luna	moon
idoneo	suitable	lungomare (*m*)	promenade by the sea
imbarco	boarding	luogo di nascita	birth place
imbattibile	unbeatable	lupa	she-wolf
imbrogliare	to cheat	lutto	mourning
immediatezza	immediacy		
impallidire	to become pale	macelleria	butcher's (shop)
impazzire	to go mad	madrelingua	mother-tongue
impegnarsi	to commit oneself, to work hard	maga	sorceress
		magari	maybe
impegno	commitment, hard work	maglione (*m*)	sweater
imperdibile	that cannot be missed	malattia	illness
impianto sportivo	sports facility	malinteso	misunderstanding
impiego	employment	mammone (*m*)	mummy's boy
imprenditore (*m*)	entrepreneur	mancare	to miss
in media	on average	mandare	to send
in scatola	tinned	maneggevole	handy
in voga	in fashion	manifestante (*m/f*)	demonstrator
incidente (*m*)	accident	mano (*f*)	hand
indifeso	defenceless	margine (*m*)	edge
indispensabile	indispensable	marmo	marble
indovinare	to guess	marrone	brown
infanzia	childhood	maschera	mask
infedele	unfaithful	materia	subject
ingannare	to deceive	matita	pencil
ingrassare	to put on weight	matto	mad
innaffiare	to water	mentre	while
innamorarsi	to fall in love	mercanzia	merchandise
innamorato	in love	merce (*f*) venduta	merchandise/goods
inquinamento	pollution	meta	destination
inserirsi	to become part of	mettere a rischio	to put at risk
insomma	in short	mettersi a ridere	to start laughing
intasare	to block, to stop up	mezzo	half
intero	whole	mezzo di comunicazione	media
interprete (*m/f*)	interpreter	miele (*m*)	honey
intorno	around	mieloso	sugary, sloppy
intraprendente	enterprising	migliorare	to improve
intravedere	to catch a glimpse of	mirtillo	blueberry
intuito	intuition	miseria	poverty
invecchiamento	ageing	moda	fashion
invece	instead	modulo	application form
investire	to invest	monello	street urchin
invidiare	to envy	montarsi la testa	to put on airs
iscriversi	to enrol, to register	mosso	rough
		mostrare	to show
lamentarsi	to complain	motivo	reason

motore (*m*)	engine
nascita	birth
nascondere	to hide
Natale (*m*)	Christmas
natio	original
nave (*f*)	ship
'ndrangheta	Calabrian Mafia
neanche	not even
negozio di abbigliamento	clothes shop
negozio di calzature	shoe shop
nell'ambito di	in the context of
nemmeno	not even
nero	black
noia	bore
noioso	boring
noleggiare	to hire
nonostante	although
notare	to notice
notizia	piece of news
nube (*f*)	cloud
nudo	bare, naked
obbligatorio	compulsory
obbligo	obligation
occorrere	to need
occupatissimo	very busy
oliva	olive
ombra	shadow
omologare	harmonise
opuscolo	booklet, brochure
oreficeria	goldsmith's
orgoglio	pride
ospitale	hospitable
ospitante	host
ospite (*m/f*)	host, guest
ossa (*f pl*)	bones
ostilità	hostility
ottimo	excellent
pallacanestro (*f*)	basketball
pallavolo (*f*)	volleyball
pancetta	potbelly
panchina	bench
panino	sandwich
panna	cream
pantaloni (*m pl*)	trousers
paracadutismo	parachuting
paragone (*m*)	comparison
parapendio	hang-gliding
parecchio	a lot
parente (*m/f*)	relative
parlato	spoken language
parmigiano	Parmesan cheese
partecipare	to participate
pasto	meal
patente (*f*)	driving licence
patrizio	patrician

paura	fear
peccato	pity, sin
peggiorare	to get worse
pelle (*f*)	skin
per conto proprio	on one's own
per cortesia	please
per fortuna	luckily
per forza	willy-nilly
per quanto riguarda	with regard to
perdere	to lose
perdita	loss
perdutamente	desperately, madly
permesso	authorization
persino	even
pesante	heavy
pesarsi	to weigh oneself
pescatore (m)	fisherman
peste (*f*)	plague
petto di pollo	chicken breast
pezzo grosso	bigwig, top man
piangere	to cry
piano	plan, floor
piccante	spicy, hot
piccione (*m*)	pigeon
piede (*m*)	foot
pietanza	course, dish
pigiare	to press
pigliare	to catch
pigrizia	laziness
pigro	lazy
pinna	flipper
plebeo	plebeian
poi	then
polmone (*m*)	lung
pomodoro	tomato
portafoglio	wallet
portare (taglia)	to wear (size)
portare a spasso	to take out for a walk
portato per	with a talent for
possedere	to own
posto	seat, place
potente	powerful
prato	lawn
precipitarsi	to rush
predetto	predicted
predisporre	to arrange, to prepare
pregio	quality
premere	to press
prendere il sole	to sunbathe
prendere in prestito	to borrow
preoccuparsi	to worry
presso	at
pressoché	almost totally
prestito	loan
prevedibile	predictable
prevenire	to prevent
prevenzione (*f*)	prevention
previsioni (*f pl*) del tempo	weather forecast

prigione (f)	prison	riunione (f)	meeting
profumeria	perfume shop	riuscire	to succeed
proibito	forbidden	riuscire a	to manage to do sth.
promettente	promising	riuscito	successful
promettere	to promise	riva	bank
proporre	to suggest	rivincita	revenge
proposta	suggestion	rivista	magazine
provare	to try	romanzo	novel
pulizia	cleanliness	rosa	pink
pullman (m)	coach	roseto	rose garden
puntare su	to count on	rosso	red
puntata	episode	rubrica	index
purtroppo	unfortunately	ruga	wrinkle
puzzo	stink	rumore (m)	noise
		russare	to snore
quale	which		
quindi	so, therefore	saccente	know-all
quotidiano	daily newspaper	(un) sacco di	a lot of
		saggio	essay
raccomandata	recorded delivery	saltare in mente	to come to mind
raccontare	to tell	salumeria	delicatessen
radicali liberi (m pl)	free radicals	salutarsi	to greet each other
radiografia	x-ray	salvare	to save, to rescue
raffinazione (f)	refining	sandalo	sandal
raffreddore (m)	cold	sangue (m)	blood
ragione (f)	reason	saporito	tasty
rallentare	to slow down	sasso	stone
rapporto	relationship	scacchi (m pl)	chess
realizzare	to achieve, to carry out	scalinata	staircase
recarsi	to go	scambio	exchange
recensione (f)	review	scappare	to run away
reddito	income	scarico	flat
regalare	to give as a present	scarpa	shoe
regalo	present	scarpe da ginnastica	trainers
regista (m/f)	film director	scarso	scarce, poor
registrare	to record	scavato	emaciated
regola	rule	scavo	excavation
relegare	to relegate	scegliere	to choose
remare	to row	scelta	choice
rendersi conto	to realise	scheggia	sliver
residuo	residual	schiavo	slave
respirare	to breath	schiena	back
respirazione (f)	breathing	sciarpa	scarf
respiro	breath	scirocco	sirocco (wind)
riconoscimento	recognition	scomparire	to disappear
rifiuti (m pl)	rubbish	scontrino	receipt
rilanciare	to revive	sconvolgere	to upset
rinnovare	to renew	scopo	aim, objective
rinsaldare	to strengthen	scoppiare	to blow up
riposante	relaxing	scoprire	to find out
riposarsi	to rest	scrittura	writing
riprendere	to start again	scusa	excuse
risata	laughter	sdraiarsi	to lie down
riscaldarsi	to warm oneself up	se	if
riso	rice	secchione (m)	swot
risparmiare	to save	sede (f)	branch
rispetto a	compared to	sede (f) universitaria	university
ritenere	to think	seguire (un corso)	to attend

selvaggina	game	straordinario (m)	overtime
selvaggio	wild	stressato	stressed
seme (m)	seed	stretto	narrow
sensazione (f)	feeling	stufarsi	to become fed up
sentiero	path	stuzzicante	appetizing
sentirsi male	to feel ill/bad	succedere	to happen
servigio	service	suonare	to ring
servire	to need	superare	to pass, to overcome
sfera di cristallo	crystal ball	svantaggio	disadvantage
sfilata	fashion show	svariato	various
sguardo	look	svelto	quick
sindaco	mayor	svenire	to faint
sistema (m) urinario	urinary tract	sviluppo	development
sito internet	web site		
slanciato	slender	tabellone (m)	billboard, hoarding
smettere	to give up	tacchi (m pl) a spillo	high heels
società immobiliare	building society	tacchino	turkey
soffiare	to blow	taglia	size
soggiorno	stay	taglialegna (m)	wood cutter
soglia	threshold	tagliare	to cut, to cut down
sollevare	to lift up	tardo pomeriggio	late afternoon
sollevare obiezioni	to raise objections	tariffa	fare
sollievo	relief	tasto	key, button
sopportare	to bear	telefono fisso	landline
sorgere	to rise	temere	to fear
sorpassare	to overtake	temporale (m)	storm
sostenere	to uphold, to maintain	tenersi in forma	to keep fit
sovvenzione (f)	financial aid	tenore (m) di vita	standard of living
spalla	shoulder	tentativo	attempt
spaventarsi	to be frightened	tentennamento	hesitation
spaventato	frightened	terme (f pl)	Roman baths
spazioso	spacious	testa	head
specchio	mirror	testardaggine (f)	stubbornness
specialità	speciality	tifoso	fan
spento	switched off	tirocinio	training
speranza	hope	tizio	fellow, guy
speranzoso	full of hope	togliere di torno	to get rid of
spettacolo	performance	tonno	tuna
spiaggia	beach	tonto	simpleton
spiegazione (f)	explanation	totalizzare	to score
spinta	boost	tradimento	betrayal
spiritoso	funny	traduttrice (f)	translator
sporadico	sporadic	traghetto	ferry
spostarsi	to travel	trama	plot
spreco	waste	tramonto	sunset
spremitura	pressing	tranne	except for
spronare	to urge on	trascorrere	to spend time
spuntino	snack	trascurare	to neglect
squadra	team	trasferirsi	to move
squilibrio	imbalance	triplicare	to triplicate
squillare	to ring (phone)	tromba d'aria	whirlwind, tornado
stancante	tiring	trovarsi a proprio agio	to feel at ease
statistica	statistics	trovarsi male	to dislike
statua	statue	Turchia	Turkey
stella cadente	shooting star	tutela	protection
stipendio	salary		
stirpe (f)	family	valere la pena	to be worth
straniero	foreigner	valigia	suitcase

171

vantaggio	advantage, pro
veduta	view
veloce	fast
vendere	to sell
vento	wind
verde	green
vertice (*m*)	top
vetrina	shop window
vicini (*m pl*)	neighbours
vigilia	eve
vincere	to win
viola	purple
voglia di vivere	zest for life
volentieri	willingly
voler bene	to love
volontà	will
volontariato	voluntary work
volto	face
votazione (*f*)	mark
zabaglione (*m*)	dessert made of egg yolks, sugar and marsala
zolfo	sulphur
zona pedonale	pedestrianised area

SOLUZIONI

UNIT 1

1 a nazionalità: portoghese, tedesco, italiano, inglese **materie di studio:** legge, lettere, informatica, economia e commercio, lingue **professione:** professoressa, avvocato, barista, cameriera **passatempi:** ballare, giocare a tennis, suonare la chitarra, dipingere, fare fotografie **personalità:** affascinante, dinamico, egoista, simpatico, intellettuale **aspetto fisico:** grasso, alto, bruno, calvo **cibo:** piatto vegetariano, pesce, spaghetti alla bolognese, pollo arrosto.

2 a i vero **ii** falso **iii** falso **iv** falso **v** falso **vi** vero

2 c ii Dove abiti? **iii** Che cosa studi? **iv** Quanti anni hai? **v** Che lavoro fai? **vi** Che fai nel tempo libero? **vii** Ti piace?/Ti piacciono? **viii** Che ne pensi di …

4 a 1 a **2** c **3** b **4** c **5** a

4 b obbligo: dobbiamo fare lo straordinario, devo alzarmi presto **possibilità:** non posso venire, ci possiamo vedere al bar dell'università **chiedere permesso:** posso darle il tuo numero di telefono? **chiedere un favore:** posso chiederti un favore, puoi portarmi gli appunti **volontà:** non voglio fare le ore piccole

5 a puoi **b** devi **c** possiamo **d** voglio **e** posso **f** posso **g** puoi **h** dobbiamo **i** possiamo **j** vogliamo

6 b ii qui non si possono fare fotografie **iii** si può pagare con la carta di credito **iv** non si può fumare **v** non si può bere acqua **vi** non si può sorpassare **vii** non si possono portare i cani

8 b si deve parlare solo italiano in classe / non si deve mangiare / non si deve portare il caffè in classe / si devono fare un sacco di compiti /ci deve essere un po' di ordine in classe / non si devono usare i cellulari in classe / non si può neanche scambiare una parola con un compagno / si deve ascoltare l'insegnante e non si può parlare di quello che ci viene in mente

Esercizi di grammatica

1 a lavora, guadagna **b** abita, scrive **c** partite, veniamo **d** state, vediamo **e** vanno, fanno **f** telefono, arrivi

2 1 d **2** a **3** g **4** b **5** f **6** h **7** e **8** c

3 Per esempio: **b** Mi dispiace, ma non posso, devo incontrare Maria. **c** No, giovedì devo andare ad un seminario di letteratura. **d** Mi dispiace, ma voglio studiare dopo la lezione. **e** Mi dispiace ma non posso, devo aiutare mia madre la sera. **f** Mi dispiace, ma alle tre devo andare dal medico.

4 a si può **b** si possono **c** si possono **d** si può **e** si può

UNIT 2

1 a 1 d **2** a **3** e **4** b **5** c

2 a i vero **ii** falso **iii** vero **iv** falso **v** vero **vi** falso

2 b Andrea: all'isola d'Elba, poi al paese dei suoi / con un amico, con la famiglia / per due mesi / ha lavorato come cameriere, è andato a trovare i suoi, ha incontrato vecchi amici **Tiziana:** in Grecia / con la mamma / per tre settimane / è andata a

trovare un'amica, ha viaggiato
Margherita: a Roma / da sola / tutta
l'estate / ha portato a spasso i cani, è
andata al cinema

2 c i and**ato** vend**uto** part**ito**
iii essere: verbi di movimento, verbi di
trasformazione, verbi riflessivi **avere:**
tutti gli altri verbi **iv 1**d **2**a **3**c **4**b

3 a nel 1999 cinque anni fa l'anno scorso
la settimana scorsa l'altro ieri ieri
ieri sera stamattina un'ora fa

4 a i in my opinion **ii** I am beginning to
realise **iii** stay **iv** to start studying **v** it is
not enough **vi** an exchange **vii** given
that

4 b i Perché è andata in Egitto, là ha visitato
molti posti e dopo il suo ritorno ha
cominciato a studiare arabo. **ii** Per due
settimane. **iii** Da sei mesi. **iv** Per fare
uno scambio e migliorare il suo arabo.
v Perché Haruyo è in Italia da quasi un
anno e probabilmente il suo italiano è
ottimo.

5 a i Haruyo has been in Italy for a year.
ii Carmela was in Cairo for two weeks.

5 b i Per quanto tempo ha abitato a Roma?
ii Da quanto tempo studia l'italiano?
iii Da quanto tempo conosci Lucia?
iv Per quanto tempo hai lavorato in
Germania?

6 a i Roma **ii** Diploma di Maturità scientifica
iii traduzione ed interprete **iv** Londra
v inglese ottimo, francese avanzato,
tedesco **vi** attualmente / da due anni
vii dal francese all'italiano **viii** ha
lavorato come interprete in Africa
usando il francese **ix** fornite su richiesta

7 a a 1, **b** 13, **c** 9, **d** 2, **e** 8, **f** 12 **g** 3, **h** 7,
i 11, **j** 6, **k** 10, **l** 4, **m** 5

7 b i Perché non capiva bene la lingua, il suo
tedesco era molto scarso, aveva studiato
solo sei mesi all'università. **ii** No, l'ha

aiutata un'amica italiana che parlava il
tedesco molto bene. **iii** Ad una festa di
carnevale. **iv** Ha viaggiato molto, è
andata in Olanda, a Bruxelles e a Parigi,
ha visitato la zona intorno ad Essen, è
andata a Berlino, a Dresda e a Lipsia.
v Sì, le è dispiaciuto moltissimo, ha
pianto praticamente ogni giorno prima di
partire.

8 i Gli italiani che vanno in vacanza sono
molti, ma sono preoccupati
dell'andamento dell'economia e in
vacanza non spendono molto **ii** Gli
italiani hanno paura dell'aereo e
soprattutto dei voli charter. **iii** Il clima
cattivo, i problemi legati ai trasporti, e la
perdita del bagaglio. **iv** Per riposarsi, per
vedere posti nuovi, per scoprire nuove
culture. **v** Il mare. **vi** Agli italiani che
passano le vacanze in Italia, nel Bel Paese.

Esercizi di grammatica

1 a sono **b** ho **c** siamo **d** siamo
e abbiamo **f** abbiamo **g** abbiamo
h siamo **i** abbiamo **j** siamo
k sono **l** sono **m** ho

2 a siamo andati **b** mi sono svegliato/a,
ho perso **c** è venuta, abbiamo fatto **d**
hai iniziato, ho cominciato **e** mi è mai
piaciuto, ho sempre avuto

3 a Abbiamo giocato a tennis per tutta la
mattinata / per 2 ore. **b** Non vado in
Italia dal Natale scorso / dall'estate
scorsa / da 5 mesi. **c** Studio a Londra
dal Natale scorso / dall'estate scorsa / da
5 mesi. **d** Non ci incontriamo dal Natale
scorso / dall'estate scorsa / da 5 mesi.
e Franco ha parlato al telefono per tutta
la mattinata / per 2 ore. **f** Ho vissuto a
Rio de Janeiro per 4 anni.

4 a Dove sei andata in vacanza? **b** Con chi
sei andata? **c** Quanto siete rimasti?
d Perché siete andati a Delhi?

UNIT 3

2 a i dal fruttivendolo **ii** generi alimentari **iii** in macelleria **iv** nel negozio di abbigliamento

2 b ii due panini e 100 grammi di olive nere / fare la spesa **iii** mezzo chilo di petto di tacchino / fare la spesa **iv** un paio di jeans taglia 46 / fare spese

3 **a** pomodori **b** mozzarella **c** banane **d** basilico

5 **Maria:** 1, 5, 11, 3, 9, 7
Pietro: 4, 10, 2, 6, 12, 8

Maria	Oggi viene Cristina a cena. Che facciamo?
Pietro	Non lo so. C'è il pollo che ho comprato ieri.
Maria	Sì, possiamo farlo al forno con le patate.
Pietro	E per primo che facciamo?
Maria	Che ne dici di un risotto?
Pietro	No, a Cristina non piace il riso.
Maria	Allora possiamo fare delle tagliatelle con panna, funghi e speck.
Pietro	Sì, ma non ci sono né le tagliatelle, né lo speck.
Maria	Devo comunque andare in salumeria per comprare del pane e del parmigiano.
Pietro	Il vino c'è?
Maria	Sì. Per dolce possiamo mangiare un gelato.
Pietro	Sì, va benissimo.

7 a i Buongiorno, mi dica. **ii** Quanto? **iii** 600 grammi, va bene? **iv** Basta così? **v** Quanto? **vi** Ecco. Occorre altro? **vii** Sono 16 euro e cinquanta. **vii** 3 euro e cinquanta di resto, grazie.

8 **1** b **2** g **3** i **4** h **5** k **6** j **7** l **8** m
9 a 1 d **2** k **3** g **4** h **5** i **6** a **7** b **8** f **9** j
10 c **11** e

9 b i Milan **ii** Juve **iii** Roma **iv** Inter

v Fiorentina

10 **i** una camicia nera e marrone **ii** un maglione nero e marrone **iii** dei pantaloni neri e marroni **iv** delle scarpe nere e marroni

12 **Cliente:** 1, 7, 5, 11, 13, 9, 15, 17, 3
Commessa: 2, 4, 10, 6, 12, 18, 16, 14, 8

Cliente	Buongiorno.
Commessa	Buongiorno, desidera?
Cliente	Vorrei vedere quella giacca sportiva in vetrina.
Commessa	Quale, quella nera?
Cliente	Sì, quella nera.
Commessa	Che taglia porta?
Cliente	La 44.
Commessa	Sì, un momento ... Ecco.
Cliente	La posso provare?
Commessa	Certamente. Lì c'è il camerino ... Va bene?
Cliente	Sì, mi piace. Quanto costa?
Commessa	Viene 115 euro.
Cliente	Va bene la prendo.
Commessa	Le occorre altro?
Cliente	No, grazie. Posso pagare con la carta di credito?
Commessa	Sì, va bene. Conservi lo scontrino.
Cliente	Grazie. Arrivederla.
Commessa	Buongiorno, grazie.

13 a a accompagnarmi **b** le **c** gliel' **d** già **e** gliel' **f** mai **g** glieli **h** appena **i** gliele **j** ancora

13 b Non ho mai regalato **un anello a Lisa**. Ho appena regalato **dei fiori a Lisa**. Non ho ancora regalato **delle calze sexy a Lisa**.

14 a i Non l'ho ancora fatto./L'ho appena fatto./L'ho già fatto. **ii** Non ho ancora pranzato./Ho appena pranzato./Ho già pranzato. **iii** Non l'ho ancora pagata./L'ho appena pagata./L'ho già pagata. **iv** Non ci sono ancora stato./Ci sono appena stato./Ci sono già stato.

v Non ci sono ancora andato./Ci sono appena andato./Ci sono già andato.

15 a i Laura is worrying about the new trend which shows that women do not wear tights or stockings in winter. **ii** American fashion journalists. **iii** In fashion: sandals for the evening, no tights. Out of fashion: heavy tights in various colours. **iv** She could try the very light tights.

15 b i proposte adatte solo a sfilate di moda **ii** di moda **iii** sentire tanto freddo

Esercizi di grammatica

1 **b** della **c** del **d** dell' **e** del **f** del **g** degli **h** del **i** dei **j** delle **k** delle

2 **b** marrone **c** viola **d** rosa **e** verde

3 **b** Le **c** Gli **d** ci **e** ti

4 **b** Avete saputo la novità? Sì, ce l'ha già detta Mario. **c** Hai già restituito il libro a Lucia? No, non gliel'ho ancora ridato. **d** Chi porta il pacco al nonno? Glielo porto io. **e** Gli hai detto la verità? Non gliel'ho ancora detta.

5 **b** Le ho già innaffiate / Le ho appena innaffiate. / Non le ho ancora innaffiate. **c** Le ho già stirate. / Le ho appena stirate. / Non le ho ancora stirate. **d** L'ho già preparata. / L'ho appena preparata. / Non l'ho ancora preparata. **e** Li ho già fatti. / Li ho appena fatti. / Non li ho ancora fatti. **f** L'ho già restituito. / L'ho appena restituito. / Non l'ho ancora restituito. **g** L'ho già prenotato. / L'ho appena prenotato. / Non l'ho ancora prenotato.

UNIT 4

1 **i** macchina/auto **ii** bicicletta **iii** autobus **iv** treno **v** metropolitana **vi** moto/motocicletta **vii** nave **viii** aereo

2 a **a** vuole **b** in **c** vuole **d** ci **e** in **f** vogliono **g** in **h** vuole **i** vogliono

3 a **vantaggi:** vita meno frenetica, casa più spaziosa con giardino, tanto spazio verde, ambiente più rilassante, più tranquillo e più sano, più sicurezza, meno furti **svantaggi:** due ore per arrivare al lavoro, viaggio stancante, vita più noiosa e meno stimolante, mentalità più chiusa e meno flessibile

3 b **i** non ci crederai **ii** fare il/la pendolare **iii** tutto sommato **iv** ho davvero bisogno **v** fatti vivo

3 c meno frenetica, più spaziosa, ambiente più rilassante, più tranquillo, più sano, più sicura, più noiosa, meno stimolante, più chiusa, meno flessibile

4 a **ii** meno, della **iii** tanto

6 a **Ferdinando:** Venezia, la città più romantica, atmosfera speciale perché non ci sono macchine, unica **Carlo:** Perugia, la città più vivibile, meno stressante, situata in Umbria, regione bellissima **Gabriella:** Roma, la più grande città italiana e la capitale, ricca di cultura, edifici storici e musei, gente ospitale e gentile **Mara:** Napoli, la città più vivace, sul mare, clima mite, ricca di storia, si mangia bene

6 b **i** più **ii** più **iii** più, meno

7 a 1, 6, 9, 2, 7, 4, 3, 8, 5

  A Sai che sono stato a Palermo la settimana scorsa?

  B Per lavoro?

  A No, in vacanza. Conosci Palermo?

  B Non ci sono mai stata.

  A È davvero una città interessantissima. Ho conosciuto anche delle persone splendide. I palermitani sono molto ospitali e simpatici. Il traffico però è un disastro.

  B Hai noleggiato una macchina?

  A No, già non so guidare qui, figuriamoci a Palermo …

  B Non sai guidare?

A Sì, ma ho preso la patente da poco e non mi sento molto sicuro …

7 c **sapere** + nome **conoscere** + infinito

8 **i** 20 **ii** Sicilia **iii** Valle d'Aosta **iv** Roma **v** 58 milioni

9 c non ho potuto chiamarti, sono dovuto venire, ho dovuto lavorare, sono dovuto ripartire, ho voluto approfittare

10 a **treno – vantaggi:** economico, comodo, rilassante, niente ingorghi di traffico, si può lavorare, riposare, leggere viaggiando **svantaggi:** ci sono dei ritardi, affollato, sporco **macchina – vantaggi:** libertà di viaggiare quando si vuole, senza passeggeri poco graditi **svantaggi:** alti costi della benzina e del parcheggio, ingorghi di traffico **aereo – vantaggi:** veloce e comodo **svantaggi:** code al check-in, molti controlli, aeroporti lontani dal centro città

11 Volare Airlines is the name of a new low cost Italian airline, founded in 2003. It offers typical Italian comforts and services, great reliability, unbeatable prices for flights, hotel bookings, taxi, car hire, theatre tickets. You book and buy online, then go to the check-in with a valid identification document and are allocated a seat. Flights take off from minor airports and all are direct. All food and drinks on board are charged individually. The only type of aircraft used is Airbus 320.

Esercizi di grammatica

1 **b** Napoli è meno grande di Roma. Napoli è più piccola di Roma. **c** Imparare il giapponese è meno facile che imparare l'italiano. Imparare il giapponese è più difficile che imparare l'italiano. **d** Vivere a Roma è meno costoso che vivere a Londra. Vivere a Roma è più economico che vivere a Londra. **e** Ugo è meno alto di Francesco. Ugo è più basso di Francesco.

2 **b** che **c** che **d** di **e** che

3 **b** Sai **c** conosco **d** conoscono **e** sa

4 **b** Sono voluto/a andare in Italia. **c** Sono potuto/a andare in vacanza. **d** Ho dovuto bere molta acqua. **e** Ho voluto mangiare una pizza.

UNIT 5

1 c **i** vero **ii** falso **iii** falso **iv** vero **v** falso **vi** falso

2 a **a** andavo **b** mi divertivo **c** avevo **d** venivano **e** eravamo **f** passavamo **g** avevano **h** remavamo **i** mi piaceva **j** facevano **k** si preoccupava **l** rientravamo

3 a **andare** andavo, andavi, andava, andavamo, andavate, andavano **avere** avevo, avevi, aveva, avevamo, avevate, avevano **venire** venivo, venivi, veniva, venivamo, venivate, venivano **essere** ero, eri, era, eravamo, eravate, erano

5 a **Roma** i, v **Reggio Calabria** ii, iv, vi **Vicenza** iii, vii

5 b **Roma – trasporti:** più tram, più autobus, la gente usava i mezzi pubblici, oggi usa i mezzi privati. **architettura:** edifici meno curati, oggi ci sono molti restauri e l'Eur fa parte della città ed è rimasto inalterato, non ci sono nuove idee architettoniche. **la gente:** era più semplice, parlava di più. **il lavoro:** in passato c'era una pausa dall'1 alle 4, si corre di più. **il verde:** molto verde in passato e oggi, prima meno curato.

Reggio Calabria – trasporti: oggi molto traffico, i trasporti pubblici sono insufficienti e tutti usano la loro

macchina. **architettura:** oggi speculazione edilizia, edifici brutti.
la gente: era aperta e disponibile, ora è maleducata, arrogante, individualista, consumista. **il lavoro:** c'è molta disoccupazione, i giovani lasciano la città, chi rimane è insegnante o avvocato. **il verde:** è sparito, al suo posto giungle di cemento.

Vicenza – trasporti: oggi c'è zona pedonale, meno traffico. **architettura:** classica del Palladio, l'aspetto è migliorato perché ci sono stati molti restauri. **la gente:** è molto differente, ci sono moltissimi stranieri che contrastano molto con i locali.
il lavoro: spostamento delle attività all'estero dove la mano d'opera è meno costosa, con licenziamenti in Italia. Recentemente c'è crisi economica. **il verde:** c'è molto verde oggi e in passato.

6 a Per esempio: Prima c'era bestiame per la strada, ora la campagna è scomparsa. Prima c'erano carrozze tirate da cavalli, ora ci sono macchine e autobus. Prima c'erano lampioni a gas, ora c'è l'illuminazione elettrica. Prima c'erano camini a carbone o legna, ora c'è il riscaldamento centrale.

7 b i I patrizi discendevano da famiglie antiche e potenti, e possedevano terre, i plebei erano artigiani o contadini e non partecipavano al governo. ii Il patrono era un patrizio a cui il plebeo offriva servigi in cambio di protezione. iii Tre nomi: nomen, praenomen, e cognomen. Il cognomen aveva origine dall'aspetto fisico o dal luogo di origine. iv Perché erano lontane e carrozze ed altri trasporti non potevano circolare. v La cena. vi Mangiare fino a scoppiare, vomitare e ricominciare a mangiare.

8 a a andava b era c era d erano e saliva

f portava g trovava h entrava i era j andavo k era l correvano

8 b i La sua infanzia e i suoi disturbi adolescenziali. ii Guardare la mamma che cucinava, guardare la televisione, fare una pausa, studiare fino a sera. iii Diventava cattiva. iv Parlava dei suoi fidanzati, si confidava con la madre.

Esercizi di grammatica

1 b beveva, è c ci divertivamo, ci arrampicavamo, abbiamo d eravate, facevate, siete, andate e diceva, dice

2 a mi divertivo, correvamo, mangiavamo b ero, volevo c erano, viaggiavano, andavano, visitavano d preparavamo, aprivamo, chiaccheravamo e abitavi, abitavo f studiava, mi piaceva

3 b c'è, c'erano c c'è, c'era d C'era

UNIT 6

1 a 1 d 2 a 3 g 4 i 5 b 6 f 7 h 8 e 9 c

1 b i falso ii vero iii falso iv vero v falso

2 a 1 c 2 d 3 f 4 e 5 a 6 b

2 c i Ha incontrato la donna in una città straniera e lontana, in Russia. ii Cenava nel ristorante della stazione, mentre aspettava il treno. iii Ha preso il treno e ha raggiunto il suo posto nel vagone letto. iv la donna era sola e leggeva un giornale. v Ha preso un taxi e ha seguito la ragazza. vi Era la figlia di una compagna di collegio della mamma del protagonista.

2 d i il passato prossimo ii l'imperfetto iii il passato prossimo narra i fatti, l'imperfetto narra le situazioni iv **fatti:** per esempio, ho fatto preparare la cuccetta e mi sono addormentato; sono salito per le scale dietro a lei **situazioni:** per esempio, mi trovavo in viaggio in una

città straniera e lontana; era il portone di casa mia.

3 **1** Era estate. C'era il sole. Carlo giocava a pallavolo con gli amici in spiaggia. Lì accanto Marisa prendeva il sole stesa sulla sabbia. Ad un certo punto la palla ha colpito Marisa. Carlo si è avvicinato e si è scusato. I due si sono piaciuti. Lui ha invitato Marisa a prendere un aperitivo. Hanno cominciato a uscire insieme. Poi quando sono tornati dalle vacanze hanno cominciato a scriversi regolarmente e a telefonarsi. Da lì …
2 Enrico era al ristorante e al tavolo vicino c'era una ragazza carina, elegante, coi capelli neri corti che cenava da sola. Al momento di pagare il conto, la ragazza ha aperto la borsa ed è impallidita perché non aveva il portafoglio. Enrico le ha offerto un prestito. Lei ha accettato. Poi si sono scambiati il numero di telefono. Da lì …
3 Isabella andava in bicicletta in un sentiero di montagna e un ragazzo sconosciuto la seguiva con la sua bicicletta. Lei ha rallentato per lasciarlo passare, ma lui ha continuato a seguirla. Allora lei si è fermata, e anche lui si è fermato. Si è presentato. Hanno cominciato a chiacchierare e poi sono andati alla macchina. Da lì …

4 a **1 Marisa:** al mare, in vacanza, a Tropea, in Calabria / 3 anni fa / Carlo: un ragazzo non molto alto, atletico, abbronzato, sorridente, con gli occhi blu come il mare. Carlo è di Salerno, era studente di ingegneria, al terzo anno, spiritoso, divertente / Ora vivono insieme a Bologna. **2 Enrico:** al ristorante / una sera / Rossana: elegante, sui 25 anni, carina, mora, con i capelli corti, ha un bel sorriso, denti bianchi, perfetti, occhi vivaci, che ridono / Ora pensano di sposarsi non appena finiscono gli studi.

3 Isabella: in bicicletta / un sabato, l'anno scorso / Marco: faccia simpatica, lentiggini, occhi verdi grandi, un testone di capelli rossi, ricci, selvaggi, simpatico / Sono ritornati al parcheggio dove c'erano le loro rispettive macchine. Quella di Isabella non partiva. Marco l'ha aiutata a risolvere il problema.

4 b i Ha chiamato Marisa e l'ha invitata a prendere un aperitivo con lui prima di pranzo. **ii** Si trovavano alle isole Eolie per un'escursione. **iii** Perché guardava continuamente l'orologio. **iv** Ha guardato Enrico con sorpresa e anche con sospetto, poi si è messa a ridere e ha spiegato la situazione. **v** Prima ha aumentato la velocità, poi ha rallentato, e alla fine si è stufata e si è fermata al margine del sentiero per lasciarlo passare. **vi** La macchina di Isabella aveva la batteria completamente scarica.

5 a **a** Quindi **b** All'inizio **c** Poi **d** Purtroppo **e** invece **f** Mentre **g** alla fine **h** E così

5 b **1** b **2** a **3** f **4** e **5** g **6** d **7** h **8** c

6 **a** All'inizio **b** dopo **c** E così **d** invece **e** Alla fine **f** poi **g** poi **h** purtroppo **i** per fortuna **j** e così

8 **Regista:** Massimo Troisi e Michael Radford **Protagonisti:** Troisi – Mario Ruoppolo, Maria Grazia Cucinotta – Beatrice Russo, Philippe Noiret – Pablo Neruda **Ambientato a** Salina, un'isola di pescatori nelle isole Eolie, vicino alla Sicilia **Trama:** Mario è figlio di pescatori, è disoccupato, ma con l'arrivo di Neruda, il grande poeta cileno mandato sull'isola in esilio, trova finalmente lavoro come postino e consegna la posta al poeta. I due fanno amicizia e grazie a Neruda e alla sua poesia Mario riesce a conquistare la bellissima Beatrice. Alla fine Mario la sposa e Neruda fa da testimone al matrimonio. Poi Neruda

torna in Cile e Mario comincia a scrivere e a interessarsi di politica. Neruda pare non ricordarsi più di lui … Molti anni più tardi, Neruda ritorna sull'isola con sua moglie, ma Mario non c'è più: è morto in una manifestazione comunista. È rimasto il figlio di nome Pablito. **Opinione dell'intervistato:** il film è poetico, commovente, Alberto non si stanca mai di vederlo, forse l'ultima parte delude un po' perché, come dicono certi critici, non è chiara, però consiglia all'amica di andare senz'altro a vederlo.

9   **i** A Filippo e a Francesco il film è piaciuto molto, ad Alex e all'autore di www.vulcanoconsult.it non è piaciuto molto. **ii** Filippo ha sofferto molto. **iii** Alex aveva voglia di addormentarsi. **iv** Una storia d'amore bellissima e commovente. **v** La regia è quasi inesistente, il film cerca di dare alla commedia italiana importanza internazionale ma non ci riesce. L'aspetto positivo è che Troisi è bravissimo e salva il film dall'essere troppo romantico.

Esercizi di grammatica

1   **a** aspettava, ha visto **b** si è addormentata, era, davano, era **c** ho visto, aveva **d** sei uscito, hai notato, era **e** giocavate, abbiamo fatto, abbiamo comprato **f** era, eravamo, ha cominciato

2   **a** aveva **b** si trovava **c** era **d** C'era **e** lavoravano **f** aveva **g** mancavano **h** erano **i** si sono presentati **j** accompagnava **k** ha detto **l** ha consegnato **m** era **n** bisognava **o** aveva **p** è stato **q** sono saliti

UNIT 7

2 a   1 e   2 a   3 c   4 b   5 d

2 b   **i** falso **ii** falso **iii** falso **iv** vero **v** falso

4 a   **Marta: i** È una maniaca del telefonino, lo usa ad ogni occasione, fa almeno dieci telefonate al giorno e manda tra i 20 e i 30 messaggini. **ii** Per lei il telefonino non ha difetti, forse alcuni modelli sono brutti. Le piace anche il suono del telefonino quando le arriva un messaggio. **iii** Le piace poter comunicare con chiunque e sempre, il telefonino le dà sicurezza. **Elena: i** Usa abbastanza il telefonino. Lo usa per avvertire qualcuno, manda dei messaggi perché sono economici e veloci e lo trova divertente. **ii** Il telefonino invade la privacy, è costoso e le persone possono diventare dipendenti dal telefonino, però è utile per le situazioni d'emergenza e per comunicare un ritardo. **iii** Odia le persone che le domandano dove sei, il telefonino le dà sicurezza, anche se non lo usa molto, le piacciono i messaggi perché si può comunicare velocemente. **Luca: i** Non usa quasi mai il telefonino, spesso lo tiene spento. Non è molto utile. **ii** Il telefonino ha più difetti che pregi, è qualcosa che invade la vita delle persone. **iii** Non sopporta le persone che tengono il telefonino sul tavolo al ristorante e quelle che lo lasciano acceso al cinema o al teatro. È utile solo nelle emergenze.

5 a   1 c   2 e   3 b   4 a   5 d

6 a   **i** Attraverso i messaggi, i fax e la posta elettronica. **ii** La velocità, la tendenza al dialogo e per questo motivo la scrittura diventa più simile alla lingua parlata. **iii** Perché è più immediata e si scrive senza riflettere prima. **iv** Tutte le abbreviazioni che sono nate nella lingua grazie alla scrittura elettronica.

7 a i non = nn **ii** = TVB **iii** = 80 **iv** = ke
v = + **vi** = xderti **vii** = d **viii** = kiami
ix = xké **x** = 6

8 a 1 c **2** a **3** d **4** e **5** b

8 b i Si usa per dire quello che una persona
sta facendo. **ii** Si forma con **stare** + il
gerundio. **iii** Si forma cambiando **-are** in
-ando e **-ere/-ire** in **-endo**.

9 a 2 Stanno prendendo un caffè insieme.
3 Sta leggendo un libro. **4** Sta
dormendo. **5** Stanno ballando in
discoteca. **6** Si sta vestendo per uscire.

11 a i vero **ii** falso **iii** falso **iv** vero **v** vero
vi falso

Esercizi di grammatica

1 **b** stai facendo **c** stiamo andando
d stanno arrivando **e** stanno aspettando
f sta partendo **g** sta perdendo **h** sta
facendo **i** sto passeggiando

2 **b** dei **c** delle **d** della **e** del **f** dei

UNIT 8

1 **a** testa **b** collo **c** schiena **d** mano
e dito **f** ginocchio **g** piede **h** caviglia
i gamba **j** vita **k** braccio **l** gomito
m spalla

2 a a **4** **b 2** **c 3** **d 1**

2 b i fanno **ii** fa **iii** fa **iv** fanno

3 **a** Sono raffreddato. **b** Ho la febbre.
c Sono stressato. **d** Ho mal di gola.
e Ho mal di stomaco. **f** Sono depresso.

4 a **Disturbi:** febbre, raffreddore, mal di gola.
Consigli: tornare a casa, riposarsi,
mangiare qualcosa, prendere una aspirina
e vitamina C, dormire, non uscire.

4 b Perché non and the imperatives: mangia,
prendi, dormi, cerca di, non uscire

6 **1** a, d, g **2** b, f, g **3** c, e, g

7 a Per esempio: **i** Prenda un'aspirina, dorma
più che può, cerchi di prendere un po' di
vitamina C. **ii** Si riposi, dorma più che
può, prenda le medicine che le prescrivo.
iii Si rilassi. Vada in vacanza per almeno
una settimana. Dorma almeno 8 ore al
giorno. Prenda le medicine che le
prescrivo.

8 a Aumento di peso.

8 b Fare moto, bere due litri d'acqua al
giorno, una volta alla settimana mangiare
solo yogurt, insalata, brodo, kiwi.

8 c cerca di + infinito, prova a + infinito,
dovresti + infinito

9 b i Alzatevi **ii** Controllatevi **iii** sedetevi
iv pesatevi, fatelo **v** Rispettate

9 c i **Alzati** dieci minuti prima la mattina e
dedica questo tempo a qualche
esercizio per **tenerti** in forma.
ii Controllati quando **sei** a tavola:
attenzione agli eccessi. **iii** Non **sederti**
con le gambe accavallate, altrimenti non
favorisci la circolazione linfatica.
iv Non **pesarti** ogni giorno, **fallo** al
massimo una volta alla settimana.
v Rispetta il **tuo** corpo, **dagli** il tempo
di abituarsi alle novità quando **decidi** di
cambiare stile di vita.

10 Pronouns are placed before the formal
imperative.

11 a 1 b **2** c **3** e **4** d **5** a

12 **Francesco:** Non crede alla medicina
alternativa. Dice che non c'è un
fondamento scientifico. È uno spreco di
soldi e di tempo. **Antonella:** I farmaci
tradizionali hanno troppi effetti
collaterali. Il corpo non è divisibile in un
insieme di parti curate separatamente.
Bisogna considerare gli aspetti emotivi e
spirituali, non solo i fattori patologici.
Con l'agopuntura ha smesso di fumare.
Con l'omeopatia ha risolto un problema
di rinite allergica.

13 a i Alcune tecniche sono riconosciute mentre molte altre sono viste con sospetto. **ii** L'olismo è una filosofia che prende in considerazione l'organismo nella sua interezza. **iii** È responsabile del proprio benessere e della propria salute. **iv** Le malattie sono dovute a fattori patologici per la medicina tradizionale. Per quella olistica invece sono il risultato di uno squilibrio sia fisico che psichico.

13 b Per esempio: Alternative medicine is partially recognised by traditional medicine. Holistic medicine considers the body as a whole, and points to body-spirit interaction as a fundamental principle in life. It attributes the cause of bad health not just to pathological factors but to bad lifestyle, physical and psychological stress, as well as environmental agents. It believes that health is primarily a question of balance between the individual and their social and natural environment.

Esercizi di grammatica

1 **b** lavora, lavorate, lavori **c** svegliati, svegliatevi, si svegli **d** alzati, alzatevi, si alzi **e** fa' colazione, fate colazione, faccia colazione **f** deciditi, decidetevi, si decida **g** di' la verità, dite la verità, dica la verità

2 **b** non lavorare, non lavorate, non lavori **c** non svegliarti, non svegliatevi, non si svegli **d** non alzarti, non alzatevi, non si alzi **e** non fare colazione, non fate colazione, non faccia colazione **f** non deciderti, non decidetevi, non si decida **g** non dire la verità, non dite la verità, non dica la verità

3 **b** unite **c** lasciate **d** alzate **e** aggiungete **f** versate **g** lasciatelo **h** aggiungete **i** abbassate **j** finite

4 **a** Cerca di prendere un'aspirina. Prova a prendere un'aspirina. Dovresti prendere un'aspirina. **b** Cerca di evitare caffè e alcolici. Prova a evitare caffè e alcolici. Dovresti evitare caffè e alcolici. **c** Cerca di smettere di fumare. Prova a smettere di fumare. Dovresti smettere di fumare. **d** Cerca di non lavorare troppo. Prova a non lavorare troppo. Dovresti non lavorare troppo / Non dovresti lavorare troppo. **e** Cerca di bere una camomilla. Prova a bere una camomilla. Dovresti bere una camomilla.

5 **a** Vuoi dirmi la verità? **b** Dovete svegliarvi presto domani. **c** Vorrei dedicarti una poesia. **d** Voglio dargli una lezione. **e** Potete farci un favore?

UNIT 9

1 a l a **2** f **3** b **4** h **5** i **6** g **7** j **8** d **9** e **10** c

1 b i Giancarlo vuole riposarsi e dormire molto. Vuole anche andare in Islanda, ma è un paese caro. Quindi dovrà lavorare per mettere soldi da parte. **ii** Lino e Raffaella vanno a Reykjavik, lui per lavoro, lei in vacanza. **iii** Manuela consiglia a Giancarlo di contattare Lino e Raffaella al loro ritorno. **iv** Manuela ha deciso di andare a trovare la sua amica Chica in Brasile. Parte il 7 luglio e ritorna alla fine di agosto. Forse andrà con Chica a São Luis, nello stato di Maranhão. **v** In pullman. **vi** Ingrid vuole migliorare il suo italiano e pensa di fare una vacanza-studio in Italia, non sa ancora dove esattamente. **vii** Ha trovato un posto nell'ufficio vendite di un'azienda; è un lavoro di tipo amministrativo. Consiste nel tenere la contabilità, la corrispondenza estera. **viii** Le invita a prendere qualcosa con lui al bar dell'angolo. **ix** Si offre di prestarle degli opuscoli su alcune scuole italiane.

2 a **a** farai **b** farò **c** Sarà **d** andrò **e** Sarà

f viaggeremo **g** faremo **h** sentirò

3 **viaggiare** viaggerò, viaggerai, viaggerà, viaggeremo, viaggerete, viaggeranno **vendere** venderò, venderai, venderà, venderemo, venderete, venderanno **sentire** sentirò, sentirai, sentirà, sentiremo, sentirete, sentiranno **fare** farò, farai, farà, faremo, farete, faranno **essere** sarò, sarai, sarà, saremo, sarete, saranno

4 a **a** sarà **b** servirà **c** manderà **d** potrà **e** potrà **f** morirà **g** arriverà **h** ci sarà **i** basterà **j** si comporrà **k** potranno

5 **Progetti decisi e stabiliti:** ho già un lavoro qui a Londra … prima di andare in Italia / inizio la prima settimana di giugno. **Progetti incerti, in dubbio:** Non le costerà un occhio della testa? / si cercherà un lavoro estivo / questo le permetterà di … / dovrà far subito le valigie / Chissà se anch'io riuscirò a … / forse non avrò nessuna voglia di lavorare / non so che cosa farò esattamente / terrò la contabilità / curerò la corrispondenza estera / penso che mi troverò bene.

6 **a** andrai **b** farò **c** pensi **d** ci sposiamo

8 a **1** a **2** h **3** d **4** j **5** g **6** k **7** c **8** b **9** e **10** f **11** i

8 b domenica

8 c **Sabato: Nord** nuvoloso, possibili piogge, qualche temporale nella zona alpina, bel tempo nelle altre regioni, qualche nube in Liguria **Centro e Sardegna** bel tempo, vento scirocco nelle regioni orientali **Sud e Sicilia** sereno, poco nuvoloso, caldo in aumento **Mari** piutttosto mossi **Domenica: Nord** temporali, grandine, vento, trombe d'aria, soprattutto sui laghi, Bergamo e Brescia, neve sulle Alpi, temporali anche in Liguria **Centro e**

Sardegna bel tempo, nubi su Sardegna e Toscana, venti moderati, maestrale sulla Sardegna **Sud e Sicilia** bel tempo, caldo (+35°) **Mari** mossi o agitati, specialmente il Tirreno

9 a **Lucio** Ariete **Valeria** Leone **Emiliano** Sagittario **Sonia** Gemelli

9 b **Sonia, Emiliano, Valeria** scettici **Lucio** crede agli oroscopi

9 c **a** sarà **b** riceverai **c** andrà **d** si congratuleranno **e** offriranno **f** significherà **g** farai **h** cambierà

10 **1** grande controesodo dalle città durante il fine settimana, 19 milioni di automobilisti sulle strade. Le città più colpite dal traffico: Roma, Milano, Torino, Genova e Bologna. Già registrati i primi incidenti e le prime code: tre morti vicino a Bologna e tre feriti a Chieti. **2** protesta contro l'apertura della discarica di Parapoti, Salerno, chiusa nel 2001 per rischio ambientale. Necessario implementare un piano per la raccolta differenziata dei rifiuti, dice il presidente della commissione d'inchiesta. I manifestanti bloccano i binari della stazione in protesta. **3** signore di 89 anni rifiuta di pagare 289 multe da 78 euro dovute a ingressi non autorizzati al centro storico di Firenze. **4** lieve calo delle temperature e dell'afa su tutta l'Italia. Possibili temporali al Nord, sole al Sud. Buon Ferragosto e attenzione in macchina.

11 **i** C'è la famosa pioggia di stelle cadenti. **ii** In campagna o in montagna perché in città c'è troppo inquinamento e non si vedono le stelle. **iii** Anche un centinaio di stelle cadenti.

Esercizi di grammatica

1 **a** sarà **b** studierà, abiterà **c** rimarrò, leggerò **d** vorrà **e** arriveremo, berremo

2 **b** Quanti anni compirà Giorgio l'anno prossimo? **c** Quanti anni hanno Marco e Anna? **d** Chi è / Chi può essere? / Chi sarà? **e** Che cosa farai da grande?

3 **a** conoscerai **b** frequenterai **c** sceglierai **d** vorrà **e** avrete **f** amerà **g** sentirai **h** rimarrai **i** avrete **j** vivrete **k** avrai **l** sarai **m** porterà

UNIT 10

2 **i** È il nome di un grande umanista olandese e l'acronimo di un progetto di cooperazione transnazionale nel campo dell'istruzione superiore. **ii** Promuove lo scambio degli studenti fra i Paesi membri della Unione Europea. **iii** Studenti universitari a partire dal secondo anno. **iv** Da tre mesi ad un massimo di un anno accademico. **v** Devono concordare l'attività didattica da svolgere nel paese straniero con il docente responsabile del progetto presso l'istituto di appartenenza. **vi** Servono a sostenere i costi di mobilità dello studio all'estero – spese di viaggio, preparazione linguistica, differenze del costo di vita. **vii** Il progetto offre l'opportunità di un'esperienza di vita all'estero e di una più approfondita dimensione europea degli studi.

4 **a** Elena Codato **b** Scopello **c** 23 ottobre 1986 **d** Scopello **e** Trapani **f** via Tancredi 55 **g** tel. 445332 **h** cellulare 07982231443 **i** elena.codato@hotmail.com **j** Lingue e letterature straniere, Università di Trapani **k** secondo anno **l** Università di Essex, Colchester **m** Università di Southampton **n** Università di East Anglia **o** da settembre a fine giugno **p** anno accademico 2006–2007 **q** inglese **r** avanzato **s** spagnolo **t** avanzato **u** portoghese **v** principiante **w** 13 aprile

5 **Anna:** va a Dublino, in Irlanda, perché è stata troppe volte in Inghilterra, voleva cambiare, l'università ha un'ottima facoltà di Lettere, la città è bella, la gente è simpatica, la vita studentesca vivace, la città dei Dubliners di James Joyce. / Studierà lì per un anno, dagli inizi di settembre / Farà un corso preparatorio d'inglese – soprattutto scritto – e darà un esame. / Spera di migliorare il suo inglese e di conoscere persone simpatiche. / Ha paura che il suo ragazzo in Italia la lasci per un'altra.
Giorgio: va a Helsinki, in Finlandia, perché conosce una ragazza finlandese ed è stato varie volte a trovarla. Gli piacciono la cultura e le abitudini finlandesi – gli sport invernali, la sauna. Poi c'è un forte legame fra la facoltà di architettura di Venezia e quella di Helsinki. / Si fermerà per sei mesi – da ottobre a marzo – perché ha un esame da dare in marzo a Venezia. / Studierà architettura e farà un corso d'inglese a Londra per una decina di giorni alla fine di settembre. / Spera di trovarsi bene all'università, di fare molto sport e di conoscere gente simpatica. / Paure: deve ancora trovare alloggio ed è difficile a Helsinki, non conosce nessuno a Helsinki e ha paura di sentirsi solo.

7 **1** b **2** a **3** d **4** c

8 **i** falso **ii** vero **iii** falso **iv** vero **v** vero

9 **a** misura **b** 25 ore **c** internazionale **d** non sostituiscono **e** quantità **f** qualità **g** obbligatorio **h** 'risparmiare' **i** 180 crediti **j** 60

Esercizi di grammatica

1 **a** faremmo **b** mangerei **c** piacerebbe, piacerebbe **d** dovrebbe **e** verreste, vorrei, verrei, dovrebbe **f** berrei **g** faresti, presteresti

2 **b** comprerei **c** ho sognato **d** sarebbe
e potrei **f** piaceva **g** sono cresciuta
h ho smesso **i** avevo **j** farei **k** potrei
l diventerei **m** continuerei **n** avrei **o**
prenderei **p** direi

ANCORA UN PO' DI PRATICA

Unit 1

1 **a** **i** vero **ii** vero **iii** falso **iv** falso **v** vero

2 a

¹v	e	²d	³i	⁴a	m	⁵o		⁵c	⁶a	⁷p	⁸i	s	⁹c	e

¹v	e	²d	³i	⁴a	m	o		c	a	p	i	s	c	e
⁹i	n	d	o	v	i	n	o		n		l		¹⁰h	o
n			s				¹¹a	n	¹²d	o			e	
¹³c	e	¹⁴o		¹⁵v	¹⁶o	g	l	i	o	n	¹⁷o			
e		t		e		l	a		¹⁸v	u	o	i		
¹⁹t	u		²⁰t	a	g	l	i	a		e	o			²¹d
e		²²d	e	l				²³o	t	t	o			i
	²⁴s	e	n	t	i	²⁵a	²⁶m	o		e	i		²⁷m	a
²⁸d	e	v	i		o	m	a		²⁹s			³⁰m		m
a		o	a			³¹a	i	u	t	a		e		o
i		n	m		³³f	t		³⁴n	a	t	a	l	e	
		o	o		a	e			³⁵a	i		³⁶b	e	v	i

Unit 2

2 b **i** Una statua di bronzo. **ii** Per impegni di
lavoro. **iii** I suoi genitori. **iv** Perché è
ancora vivo e non pensava di avere una
statua in suo onore.

3 **a** **i** Perché non può andare all'appuntamento
più tardi. **ii** Era noiosa e ha bevuto
troppo. **iii** Ha perso il treno, è arrivato a
Termini, ha dovuto prendere un taxi ed è
arrivato a casa alle tre. **iv** Quando è
arrivato a casa, non aveva le chiavi e il
suo compagno di appartamento non si
svegliava, ma alla fine ha aperto la porta.

Unit 3

1 **a colazione:** cosa: caffè o caffelatte,
biscotti, pane con burro e marmellata,
cornetto e cappuccino. novità: succo di
frutta, yogurt e cereali. dove: al bar.
pranzo: cosa: pasta/riso come primo,
carne o pesce come secondo, verdura,
frutta caffè. dove: alla mensa, al bar
dell'angolo, al ristorante. **cena:** cosa:
come il pranzo. dove: a casa. quando:
7.30–8.00, più tardi nel sud e durante
l'estate.

3 L'olio extravergine elimina i grassi cattivi,
permette l'assorbimento delle vitamine
liposolubili A ed E, abbassa il colesterolo
del sangue.

Unit 4

1 **i** I grandi centri, per esempio Firenze,
Milano, sono quelli in cui si vive meglio.
ii Ciò che offre per il tempo libero, dai
ristoranti agli impianti sportivi.
iii L'indice del tenore di vita e quello
relativo alla criminalità. **iv** Milano: il
reddito pro-capite dei milanesi e il
volume dei loro depositi bancari sono i
più alti in Italia. **v** Perché deriva da un
risultato equilibrato in tutti i diversi
campi. Firenze è la città in cui è più
diffusa la rete della solidarietà, dove ci si
impegna di più ad aiutare chi è meno
fortunato, dove è più forte la spinta alla
partecipazione, all'associazionismo
solidale e culturale.

2 **Antonella:** È stata a Firenze molte volte e ne ama l'atmosfera. Le piacciono le città costruite su fiumi. Le piace Firenze perché ha molti edifici storici, monumenti e opere d'arte. In particolare le piace la zona di Santo Spirito che fa parte del centro storico, ma che non è ancora stata scoperta dalla maggior parte dei turisti. È piena di botteghe di artigiani, vicoletti e piazzette, librerie, teatri, cinema ed è sede di molteplici eventi culturali. **Mauro:** Ha vissuto a Firenze per lavoro. È d'accordo che è bella, ma non gli è piaciuto viverci. Non ha trovato la gente particolarmente simpatica. Ci sono troppi turisti. È piuttosto cara.

3

Unit 5

2 **Adriana – pasti:** in passato faceva colazione al bar, ora fa colazione a casa **vita sociale:** passava molto tempo con la famiglia e andava a casa di amici a fare una spaghettata, ora non è possibile, in Inghilterra la gente va raramente a casa di amici e preferisce incontrarsi al pub, andare al cinema o al ristorante **dopo il lavoro:** andava al mare e ora se ha energie va in piscina o a fare jogging **fine settimana:** era più facile lasciare la città **problema a Londra:** la vita è molto cara

Gianluca – lavoro: era più interessante, più vario, lavorava per una ditta di computer, ora lavora in un bar, è noioso anche se ha contatti con molte persone differenti **amici:** prima aveva gli amici di sempre, quelli con cui era cresciuto, ora conosce persone di culture differenti, ma è molto triste vederle andar via da Londra **casa:** in passato viveva con i genitori **tempo libero:** passava molto tempo libero con gli amici, andava a casa di amici perché era meno caro e più intimo, come fa a Londra.

Emiliano – pasti: prima facera colazione al bar, ora a casa, pranzava al mare, ed ora non è possibile **casa:** aveva un appartamento da solo e ora divide una casa con altre persone **vita sociale:** era possibile chiamare la gente senza preavviso e ora deve pianificare tutto prima, le relazioni erano diverse, c'era meno privacy in Italia.

4 a i Dove sta Roma ci sta il Papa. **ii** Roma non fu costruita in un giorno. **iii** Tutte le strade portano a Roma.

4 b 1 e **2** a **3** d **4** b **5** c

Unit 6

1 a 1 b **2** a **3** d

1 b i Hanno deciso di andare nel bosco in cerca di legna, hanno preso un'accetta, un gancio e una corda, hanno salutato la mamma e sono usciti. **ii** Hanno trovato una folta vegetazione di strani alberi con rami di strane forme e colori. **iii** Hanno denunciato che un gruppo di monelli si divertiva a demolire i cartelli pubblicitari.

2 **i** Mario si è rotto un braccio sciando di pomeriggio alla Marmolada, quando è andato in gita con amici. **ii** Il tempo era fantastico e la neve era ottima all'inizio, poi il pomeriggio si è alzata la nebbia e ha cominciato a far freddo, la neve era ghiacciata. **iii** Hanno smesso di sciare perché le condizioni erano proprio brutte. **iv** Hanno continuato a sciare perché volevano sfruttare l'abbonamento giornaliero. **v** Toni ha telefonato al pronto soccorso con il cellulare. **vi** Per un mese e mezzo e poi deve fare fisioterapia.

Unit 7

1 a 1 a 2 d 3 c 4 f 5 b 6 e 7 g

1 b i Tra gli adulti sta aumentando l'uso di Internet e tra i giovani invece sta diminuendo. **ii** Perché internet spesso è molto lento e i motori di ricerca offrono risultati scarsi ed inoltre molti dei servizi sono a pagamento. **iii** Hanno dei vantaggi in termini di mobilità e anche nel business si usano perché sono più veloci delle mail. **iv** I telefonini sono maneggevoli, sono piccoli e molto personali ed i computer no.

2 **Fausto:** Vuole essere sempre rintracciabile, vuole rimanere in contatto con tutti, se usato con rispetto il telefonino è uno strumento molto utile. Il telefonino ha molte funzioni: mandare messaggi, telefonare, mandare mail e fare fotografie. È molto facile da usare ed è veramente utile. **Martina:** Invade la privacy, è molto meglio vedere le persone che parlarci per telefono, i telefonini squillano dovunque e non c'è più rispetto per gli altri, costa moltissimo ed è difficile da usare. Per molte persone è diventato una mania, soprattutto per le persone giovani. Tra i giovani se non hai un telefonino, nessuno ti vuole come amico perché sei fuori moda.

Unit 8

1 a A good diet must be balanced and varied. It is important to avoid refined foods and go instead for untreated foods. Also avoid food with added sugars and fats. White meat and fresh fish is preferable to red meat. Cold pressed extra virgin olive oil is recommended. It is advisable to drink around 2 litres of water a day, to avoid fizzy drinks and not to exceed a 1/4 litre consumption of wine a day, preferably red.

1 c The original titles are: **i** Contro i radicali liberi **ii** Dimmi che cosa scegli e ti dirò … **iii** 44 anni per cambiare le abitudini alimentari **iv** Il succo di mirtillo cura le infezioni. **v** I colori influiscono sulle prestazioni. **vi** Un valido aiuto per la bellezza. **vii** Cominciamo con non russare.

1 d Per esempio: **i** Lutein slows down the ageing process. **ii** There are seven types of tuna in tins. Their quality varies considerably: the best is Thunnuns thynnus. **iii** 40% of people in Britain are vegetarian. It is predicted that by 2047 the whole population might be vegetarian. **iv** Regular intake of cranberry juice helps to maintain a healthy urinary tract. **v** The power of colours has been proved with an experiment. Athletes with yellow caps obtained better results in a competition: yellow is the colour of light, energy, vitality. Athletes with green caps obtained poor results: green is the colour of relaxation. **vi** Soya is good not only for its nutritional properties used as food, but also in beauty treatment, as its use prevents wrinkles and keeps the skin soft.

vii Research into snoring proves that migraine sufferers are more likely to snore than people who suffer from occasional headaches.

Unit 9

1 **i** Per la sua forma di piramide lunga e sottile simile appunto a una scheggia di vetro trasparente che scompare nell'aria. **ii** Sorgerà nella zona della stazione ferroviaria di London Bridge e sarà una specie di città in verticale, con la stazione e la metropolitana alla base e ristoranti, bar, cinema, negozi, uffici, appartamenti, e un albergo ai livelli superiori. **iii** I sostenitori sono il sindaco Ken Livingston e l'amministrazione di Southwark, che pensano che il progetto rigenererà la zona economicamente. **iv** Nemica del progetto è la English Heritage che sostiene che la costruzione bloccherà la veduta sulla cattedrale di Saint Paul e la Torre di Londra. Anche il Principe Carlo è contrario al progetto per l'impatto sull'ambiente. **v** Perché Piano è un architetto di indiscussa fama. **vi** Il grattacielo doveva avere 87 piani, ora ne avrà 66. **vii** Piano vuole costruire un grattacielo leggero, ecologicamente sostenibile, meno intrusivo e più naturale.

2 **i** b **ii** b **iii** a **iv** d **v** c **vi** d **vii** a **viii** c

Unit 10

1 **i** Perché lo trova più riposante, perché è meno faticoso argomentare, e si scopre di avere molte cose in comune, la stessa storia, molte esperienze, e lo stesso modo di pensare. **ii** È più facile per un intellettuale che per un contadino che non ha mai lasciato la propria casa. **iii** Secondo Eco, il progetto Erasmus può avere conseguenze anche sessuali o genetiche, nel senso che spesso capita

che molti studenti dopo un periodo trascorso all'estero si sposano con uno studente/una studentessa locale. **iv** Le regioni potrebbero organizzare scambi, periodi di visita e di lavoro all'estero, non solo per gli studenti ma anche per i propri cittadini. **v** Sosteneva di trovarsi meglio in Sud Africa per via della lingua che in un altro paese europeo.

2 **Dove:** Francesco è andato a Londra, all'università di Imperial, e ha studiato fisica. **Benefici:** ha stabilito molti contatti con studenti e professori che saranno forse utili in futuro se deciderà di fare ricerca. Poi ha visto una cultura diversa dalla sua e si è reso conto che può cavarsela in un paese straniero: questo gli ha dato più fiducia in se stesso. **Problemi:** la lingua, era difficile seguire le lezioni, ha preso una multa in autobus, un po' gli mancava l'Italia, e la famiglia, all'inizio si sentiva solo. **Differenze tra l'università inglese e quella italiana:** simili, però in Italia ci sono molti esami orali, in Inghilterra sono generalmente tutti scritti. Le lauree in Italia sono più lunghe. Le differenze non sono così grandi. **Londra:** è una città bella, varia, con molti quartieri diversi, molte culture diverse, molto cosmopolita. È anche una città grande e impersonale. L'ha fatto riflettere su che cosa significa essere italiano.

APPENDICE

Additional vocabulary items for Unit 5

Lavoro di coppia

materia (*f*)	subject
lampione (*m*)	lamppost
alimentari (negozio di)	grocery shop
panchina (*f*)	bench
aiuola (*f*)	flowerbed

Ancora un po' di pratica

arrabbiato/a	angry
paragone (*m*)	comparison
piccione (*m*)	pigeon
fava (*f*)	broad bean
pigliare	to catch
botte (*f*)	barrel
togliere di torno	to get rid of

Additional vocabulary items for Unit 6

Ancora un po' di pratica

neanche	not even
ombra (*f*)	shadow
autostrada (*f*)	motorway
giungere	to reach
albero (*m*)	tree
dentifricio (*m*)	toothpaste
abbattere	to cut down
fare a pezzi	to cut into pieces
accendere	to light, to turn on
cartello pubblicitario (*m*)	hoarding
succedere	to happen
buttare giù	to knock down

INDICE ANALITICO

TAVOLA GENERALE DEI CONTENUTI

Unit	Topics/functions	Grammar
1 Piacere di conoscerti!	Introducing oneself to others: giving information about oneself, asking and answering questions about hobbies and interests Asking someone a favour, asking for permission to do something Expressing obligation, possibility and willingness to do something	Revision 1: • Present tense • Modal verbs (**potere, dovere, volere**) • The verb **piacere** • **Si può / si possono**
2 Il passato è … passato!	Talking about past events, summer holidays, travel, and language learning experiences **Culture:** Italians on holiday	Revision 2: • Past tense: **passato prossimo** • **Da quanto tempo?** + present tense • **Per quanto tempo?** + passato prossimo
3 Fare la spesa o fare spese?	Shopping: making simple transactions in shops Clothes and fashion Cooking	• The partitives • Pronouns • Combined pronouns • Position of direct and indirect object pronouns
4 Città o campagna?	Expressing … • comparisons • preferences • advantages and disadvantages Travel and different means of transport Town and country living **Culture:** Italian cities	• The comparative: **più / meno** + adjective + **di / che** • The superlative (relative and absolute) • Irregular comparatives and superlatives • **conoscere** and **sapere**
5 Quando ero bambina	Making comparisons Talking about one's childhood and adolescence and the way things used to be Describing change Developing reading skills **Culture:** Ancient Rome	• The imperfect: uses and formation • **C'era / c'erano**

Unit	Topics/functions	Grammar
6 Ah … **l'amore!**	Narratives: • telling a story • talking about an episode in the past • discussing films	• **Passato prossimo** vs. **imperfetto** • Conjunctions
7 Mandami un **messaggino** **:-) !!**	Describing what one is doing at a given moment **Culture:** Italians, mobile phones and texting	• The gerund of verbs in **-are, -ere, -ire** • Present continuous • **Preposizioni articolate: di** combined with the article
8 La salute **innanzitutto**	Asking for and giving advice in the context of health, sport and fitness Expressing symptoms of illness The body Talking about exercise and sport, preferences Finding out and expressing opinions about alternative and holistic medicine	• Irregular plurals • The imperative: with pronouns, negative imperative, negative imperative with pronouns • Giving advice and making suggestions: **cerca di / prova a / dovresti** + infinitive • Modal verbs with pronouns
9 Che sarà, **sarà …!**	Gathering information and talking about future plans and projects, both personal and professional Making predictions: • weather forecasts • horoscope • news **Culture:** Geography of Italy	• The future tense: uses and formation • **penso di** + infinitive, **forse** + present tense with a future meaning • **vorrei / mi piacerebbe** + infinitive
10 Un anno **all'estero**	Student mobility in Europe: experiences and plans Filling in an application form Understanding documents Living abroad	• The conditional: uses and formation • **Se fossi in te** + unreal conditions and hypotheses